U0673599

《程开甲的故事》编委会

顾　问：陈　宇　　陈　忠　　薛建国
编　委：薛法根　　杨罡昱　　陈晓华　　沈玉芬
　　　　曹　忠　　周菊芳　　钱卫华

程开甲
的故事

熊杏林 著

CHENGKAIJIA
DE
GUSHI

人民出版社

目 录
CONTENTS

下　篇

上　篇

1 "程开甲"名字的由来

程开甲说："我的名字是祖父程敬斋，早早为程家长孙预备的，意即'登科及第'。"

这是一个很有文化意蕴的家族故事。

1918 年 8 月 3 日，程开甲出生在江苏省吴江盛泽镇，祖籍徽州。

明末清初，徽州是全国商业最为发达的地区，可谓"无徽不商"。"徽商"这个响亮的名字，不仅传于乡野之间，而且见诸文史典籍，"商贾为第一等生业，科第反在次者"。徽州人有个习俗，家中男丁到了 16 岁，就要出门做生意，"流寓五方，轻本重末"。

吴江，傍依太湖、运河，水网密布。这里，山川秀美，人杰地灵；这里，地势平坦，无险山阻塞；这里，经济发达，人们安居乐业。一天，吴江迎来一位做纸张生意的程姓徽商。他精通商道，一看便知，吴江是发家致富的好地方。于是，他选择盛泽镇定居下来。

后来，程家慢慢发迹了。传至程敬斋时，已置了几处房产，还收藏了不少古董、古籍。

程敬斋娶了两房太太，一位是杨氏，另一位是王氏。但两位太太只给他添了一个男丁，取名侍彤。

从地域文化来说，吴江与徽州有很大不同。徽州尊商，吴地尚文。

据文献记载，自隋唐开创科举后的1300余年中，全国共出文状元596名；吴地，仅苏州就有45名，占总数的7.55%。清朝一代，全国有文状元112名，苏州有25名，占总数的23.3%。吴地儒生不但做官的多，而且名人大家、文化世族、书香门第，比比皆是。这种独特的文化奇观一直持续到现代。统计数据显示，自1955年评选新中国第一届院士（1994年前称学部委员）至2003年年底，共选举产生院士1026名；其中，江苏、浙江、上海籍的院士就有443人，占总数的43%。1999年，中共中央、国务院、中央军委表彰的23位"两弹一星"功勋科学家中，出自苏南、浙北和长三角地区的有10位，其中江苏籍占6位。这里是名副其实的"状元

1918年，程开甲出生在江苏吴江盛泽镇

之府""院士之乡"。文化不同，塑造的族群价值取向也就有异。在吴地，想要光宗耀祖，读书、科举取仕为人们的首选之道。

这个观念自然也深深地印入程敬斋的脑海里。"万般皆下品，唯有读书高。"程敬斋将光宗耀祖的希望寄托在儿子程侍彤的身上。

为了实现他的理想，程敬斋教儿子"两耳不闻窗外事，一心只读圣贤书"，不许涉足商道。但程敬斋对儿子精心栽培的结果，却是出人意料的悲惨，不但仕梦未圆，商道也从此失传。程侍彤连考几次，连个秀才也没有考上，最后只能在家开个私塾，教书为业。

考试落第，贻笑乡里。程侍彤郁郁寡欢，后来竟沾染上了酗酒、抽鸦片的恶习。程敬斋对儿子的不争气十分不快，于是将希望寄托在下一代的身上。他让程侍彤娶了一个洪姓举人的闺女为妻。程敬斋自己寻思着，日后的孙子既是沾着了一些读书人家的血脉，想来自然应该聪明些；而且，孙子长大读书后能有一个内行的亲戚指引，进步自然也会快些。他越想越兴奋，仿佛自己的梦想立马就能实现。程敬斋引经据典，给一点儿影子也没有的未来长孙，取了一个"开甲"的名字。

没料到，这一联姻让程敬斋很失望。程侍彤与洪氏连生六胎，都是女儿，无一人可领"开甲"之名。

一次又一次的失望，并没有让程敬斋放弃自己的梦想。他又让程侍彤，将浙江省南浔镇一个梅姓大户人家的丫鬟董云峰娶回为妾。董云峰的父亲是一个潦倒的书生，家境贫寒，不得已让女儿给别人做丫鬟。程敬斋大概也是看中了董云峰有书生的血脉，便做主将她娶进了程家。

董云峰嫁到程家后很争气，不久就怀孕了。程敬斋喜出望外，天天等着、盼着她能帮程家把"开甲"生出来。不幸，一场大病夺去了程敬斋的生命，他没有等到孙子程开甲出世，带着终生的遗憾归天了。据说，程敬斋死的时候，眼睛瞪得很大。有人说那是程老爷死不瞑目，也有人说那是他在冥冥中期待……

程家是大户人家，程敬斋的丧事办得十分体面，唯一不体面的是孝子孝孙名下寥寥无人。不知是上天恩赐，还是程敬斋死后显灵，在程敬斋去世后的第二天，董云峰的房里传来了男婴的啼哭声。程侍彤闻声奔去，抱起刚刚包好的男婴来到程敬斋的灵堂，扑通一声跪在父亲灵前，用男婴的哭声告慰父亲：开甲终于来到了程家！顷刻，丧事总管拿起毛笔，在孝孙的空白处重重地添上了"开甲"二字。

2 简晓峰校长与"年年老板"

程开甲虽然出生在富商之家，但童年很坎坷。后来，遇到了一位好校长，让他第一次懂得了成才的含义，并立下要做"大人物"的志向。从此，他开始发奋读书。

程开甲的出生，给程家带来了体面，可程家并没有给他留下多少欢乐的童年记忆。

祖父程敬斋去世后，父亲程侍彤对生意一窍不通，程家家道中落。全家人只好靠收取的房租和程侍彤微薄的私塾收入维持生活。

对于父亲，残留在程开甲记忆中的，基本上只有抽鸦片的影子。他享受父爱的唯一印记是，一年除夕，程侍彤给他买了一个小铜锣。

1925 年，程侍彤去世，程开甲的母亲董云峰在程家的处境恶化。

一年后，她终于熬不住了，坐着小船离开了程家，离开了盛泽镇。临行前，董云峰哭得非常伤心，给程开甲洗了澡，换上干净的衣服、鞋袜，还塞给他 20 个铜板。

那一年，程开甲 8 岁。家庭的变故，给他带来了巨大的心灵创伤。他成了一个无依无靠、没人管教的孩子。在一段时间里，他的性情变得有些孤僻，一面是自卑、胆怯、怕见场面，另一面是倔强、反叛、胆大包天。

到了读书的年龄，家里将他送到绸业小学。在那里，他除了玩，还是玩，根本不学习。小学二年级，他竟然读了3年，全校上下都叫他"年年老板"。后来，家里人不得已，将他转学到三高小学读三年级。没想到，在这里，他更顽劣。有一天，他失踪了，拿着家里的钱，一个人跑去上海玩。钱花光了，他才找到上海的二姐家。家人得到消息，把他"抓"了回来。

回到家，大妈洪氏让他跪到父亲的灵位前，当着程家列祖列宗教训了他。在他的记忆中，这是大妈对他最严厉的一次惩戒，但从那以后，他因祸得福了。

首先是大妈态度的改变。毕竟程开甲是程家唯一的男丁，反思过去，她觉得不能再对他不管不问了。必须担负起母亲的职责。其次是他的五姐。凭着做教师的职业敏感，她知道弟弟的天资并不低，只要耐心调教，是可以把这匹"野马"训练成"良驹"的。

不久，五姐调到观音弄小学任教，也把程开甲转到这里上学。每天清晨，她会早早叫醒弟弟，敦促他洗漱、吃饭，然后背上小书包同她一起去学校。放学后，她在办公室批改作业，程开甲就在旁边做自己的功课。然后，姐弟俩一起回家。他们的感情日益加深。

由于家人看管甚严，程开甲失去了往日的自由，但他的内心有了家的感觉，学习也慢慢开了窍。

当时，观音弄小学的校长叫简晓峰。据史料记载，简氏一族，自明代迁入盛泽，居于盛泽镇西荡口以北观音弄的简氏大宅。简氏族人中，良医辈出，悬壶济世，德泽乡里。简晓峰的长兄简伯龙，是吴江地区有名的医生，并与柳亚子相交，为新南社成员之一。

童年程开甲听简晓峰校长讲大人物成才的故事

1907 年，简晓峰的父亲简寅生开始投入新式教育，于简宅北侧原盛湖西书院旧址，独立创办了观音弄初级小学。

简晓峰自幼受到良好的家庭教育，四书五经烂熟于胸，17 岁就读大学预科，后考入上海复旦大学历史系。1927 年，24 岁的简晓峰回乡接替简寅生担任观音弄小学校长。受蔡元培"尚自然""展个性"的教育思想影响，简晓峰在观音弄小学大力推广自主、自动、自学、自助的"四自"教育法，使学校面貌焕然一新。

当年，简晓峰风华正茂、衣着时尚，深受程开甲他们喜爱。他不仅教学得法，而且经常讲大人物成才的故事，鼓励同学们从小立大志。程开甲遇到了人生中的第一位良师。

程开甲后来回忆说："在这里，我开始懂得了'成才'的含义，并立志要成为一个'大人物'。"

看到昔日冥顽的程开甲发生了变化，简晓峰喜在心上，对他也更加关心、关爱。

程开甲读四年级时，由于"年年老板"的经历，他的年龄在同班同学中是最大的，自己觉得不好意思，于是向简校长提出跳级的申请。简校长鉴于他的数学和音乐两门功课有较为突出的成绩，批准了他的申请。于是，他跳过五年级，直接去淘沙弄小学读六年级。1931 年，程开甲从淘沙弄小学毕业，考入著名的嘉兴秀州中学。

时代变迁，光阴荏苒。观音弄小学几度易名，成为盛泽实验小学的一个校区。1995 年，程开甲重返母校，往事历历在目。1989 年 10 月 25 日，他为母校写下了"树志、尚德、勤学、守纪"八个大字，勉励同学们努力学习成才。现如今，这八个大字，已经成为盛泽实验小学的校训。

2017年9月，占地60亩的盛泽实验小学北校区，正式命名为程开甲小学。跨入校门，你就能看到这样的雕像：身着长衫的简晓峰校长背着手，正给顽皮可爱的小开甲讲述大人物成才的故事……

3　顾惠人校长铜像前三次鞠躬

1931年，13岁的程开甲小学毕业，考入离家大约20公里的浙江省嘉兴秀州中学，开启了他的人生新阶段。

程开甲回忆说："刚踏入秀州中学时，我还是一个傻乎乎、什么也不懂的'猪头三'。"

"猪头三"，是程开甲入校之初，同学们送给他的绰号。

有一天，他看到有同学用电话与家人通话，觉得新奇，于是，也跟着去排队。轮到程开甲了，他拿起话筒就喊"妈"。后面的同学看他喊了半天，话筒里都没反应，就走上前去帮助他。一问，程开甲根本没拨号；再问，他说："我家没电话。"这个大笑话很快在同学中传开了，程开甲被喊作"猪头三"。后来，随着同学之间的关系改善，带贬义的"猪头三"，变成了昵称"猪倌"。从初中到高中，他被同学们这样称呼了6年。

秀州中学是一所名校，前身是秀州书院，于20世纪初，由美国基督教传教士与嘉兴绅士共同创办；1918年，定名为嘉兴秀州中学。第一任校长裴来仪、第二任校长窦维思，都是美国教会派来的传教士。1928年，中国收回教育权，黄式金担任了第一任华人校长。1930年，经校董事会推选，顾惠人接任黄式金，成为嘉兴私立秀州中学校长。

顾惠人是中国现代教育史上一位出色的教育家，毕业于上海光华大学，后赴美国留学，获哥伦比亚大学教育硕士学位，一生立志教育。大学毕业前夕，学校给每位毕业生发了一张毕业志愿申请表，每人可先后在第一志愿、第二志愿、第三志愿三栏内，写下自己的志愿选项。顾惠人打开表格，将自己深思熟虑的选择，工工整整地填写在三栏中："教育！""教育！！""教育！！！"，以此表达立志教育救国的坚定信念。

顾惠人的教育思想中西合璧。他十分强调人格教育、科学教育、爱心教育，提出了"学校家庭化，生活纪律化，头脑科学化，身手平民化"的教育目标，并制定了"爱国、爱校、爱科学"的秀州中学校训。

秀州中学有严格的生活纪律，不准学生抽烟、喝酒，每天必

浙江嘉兴秀州中学校长顾惠人

须出早操、洗澡。学校的老师爱生如子，同学之间也充满爱心。顾惠人更是以身作则，把学生当成自己的孩子，与他们一起晨练、一起打篮球赛、一起参加运动会赛跑。每当顾校长参加比赛时，同学们就非常振奋，高声为他加油。在这样一个培养爱、充满爱的环境里，程开甲忘记了自己可怜的身世，忘记了自己"不争气"的过去，心情变得越来越舒畅，性格也变得越来越活泼、开朗。

据同学回忆，程开甲"特别喜欢打篮球，是班级篮球队的后卫，虽然个子不高，但两臂坚强有力，抢篮板球的功夫独到，还是一名到位的篮球裁判"。有一次圣诞晚会上，他还男扮女装，出演圣母玛利亚的形象，大获成功。

程开甲说："我常想，求学问和学做人，中学时期最关键。我有幸在一个比较完美的环境中成长。顾校长是一位好校长。"

顾惠人从 1930 年至 1958 年，担任秀州中学校长 28 年，不但培养了陈省身、李政道、程开甲、顾功叙、谭其骧、周廷儒、周廷冲、钦俊德、方怀时、潘文渊、陈世骧等 11 位院士，而且培育了"爱国、爱校、爱科学"的秀州中学精神。这种精神，随着他的学生们的足迹，芳泽海内外。

顾惠人于 1961 年去世。几十年来，他的学生们一直感恩他的教诲。2000 年，秀州中学举行百年校庆。校友主动捐资，在校园中建造了一座顾惠人校长铜像。程开甲应校友们推荐为铜像题字。铜像揭幕当天，程开甲因病住院，没能参加仪式。出院后，他的第一个心愿就是去铜像前拜祭顾校长，感谢他的培养之恩。回到住所后，程开甲说，当时人太多，自己没有向顾校长的铜像单独鞠躬，要再去一次。这一次，陪同人员心领神会，离他远远的，让程开甲跨越时空，一个人与顾惠人校长默默对话。这令人感动的一幕，被程开甲的家人用相机拍了下来。可当照片洗出来，程开甲对自己的鞠躬不满意，提出还要去一次。70 年前的授业恩师、80 岁高龄的院士、3 次深深鞠躬，情真意切，感人至深。

4 姚广钧老师的"小灶"

　　程开甲回忆："刚上初中时，我的成绩并不突出。到初中二年级，情况就变了，我的数学和英文成绩很好，数学常考 100 分。"

　　在程开甲的人生中，秀州中学的数学老师姚广钧，对他影响很大。

　　姚广钧的教学很有方法，尤其重视对学生进行数学基础知识的记忆训练和运算能力训练。他要求学生把圆周率背诵到小数点后 60 位，1—100 的平方表、立方表都要背，数学公式甚至一些数学习题的演算方法、结果也要背。在姚广钧的严格训练和指导下，程开甲的记忆天赋得到极大开发。他能轻松自如地将圆周率背诵到小数点后 60 位，能将 1—100 的平方表、立方表倒背如流，能记住每一个数学公式和许多数学习题的演算结果……这种记忆训练，在他日后的科学生涯里发挥了重大作用。比如，数字的平方、立方和各种常用公式，程开甲从不需要去查表、翻书。一个复杂的微积分演算，别人要演算很长时间才能得出结果，而他只要闭上眼睛，演算结果就神奇地跳出来，令许多人觉得不可思议。

　　姚广钧很懂得因材施教。看到程开甲的数学水平远高于同班同学，他就常把程开甲叫到宿舍"开小灶"，单独训练。姚老师有一本很厚的数学习题集，大多是难解的题目。他要求程开甲每道题都做，而且用不同的方法做。至于考试，程开甲从不担心，经常拿满分。大妈每次看到成绩单，都很高兴，然后十分痛快地给他学费。

学习上，程开甲有一股"驴"劲，越是难题，越是较劲。有一次，他想用平面几何的方法把一个角分成三等分，做了几天几夜都没有结果。姚老师笑着告诉他，高等数学已经证明，这道题用直尺、圆规的办法做不出来，必须用群论才能完成。

姚广钧是秀州中学数学老师中的"老大"，老师们碰到难题，都会请教他。每遇这种"差事"，他就先把机会让给程开甲。有一次，程开甲解出了一道难题，姚广钧拿去考同事们。结果，老师们都没有做出来。

高一暑假，学校安排程开甲所在班去杭州拱宸桥军营进行军事训练，时间为3个月。带队的徐老师私下与程开甲约定：空暇时间，两人互帮互学，他教程开甲军事，程开甲教他数学。可惜，由于训练计划紧张，军营里没给他们留什么自由时间。3个月过去了，程开甲根本没有机会兑现诺言，倒是徐老师在军事上指点他不少。如今，程开甲已经100岁，仍清楚地记得当年欠下的这笔"债"，十分怀念秀州中学倡导学术民主和师生互帮互学、共同提高的感人情景。

除了数学，程开甲的英文也很厉害。秀州中学原是教会学校，十分重视英文学习，每年都要举行一次英文背诵比赛。学校有好几位外籍教师，他们采取英文直接教授法，注重对学生进行发音和听、读训练。初中三年级，程开甲在姚广钧的辅导和鼓励下，报名参加全校英文背诵比赛。由于是第一次上台，他很紧张，结果只背了3句，就把下面的内容全忘了，只好尴尬地走下讲台。姚老师边笑边安慰他：没有关系，以后再战！第二年，程开甲跨入高一，姚老师很早就提醒他报名。这次比赛，改由骆之骏老师训练。他们吸取上次失败的教训，一举成功，程开甲夺得全校第一名。

1937年，浙江省的教会学校举办中学作文及演说竞赛，程开甲被推荐为秀州中学高中英文演说竞赛选手。学校非常重视这次省级中学的比赛，顾惠人亲自指定秀州中学第二任校长窦维思的夫人，担任程开甲的辅导老师。窦师母是美国人、基督徒，为人和善，教学严格。为了挑选参赛篇目，她让程开甲背诵了好几篇演讲稿，有的还背诵好几遍，最后选定莎士比亚剧本《裘力斯·凯撒》中勃鲁托斯的一段经典演说。内容确定后，窦师母一遍一遍倾听他的背诵，一字一句纠正他的发音，一招一式教他如何借助肢体语言来表达人物的情感。这次专门的语言训练，快速提升了程开甲的英语能力，为他日后出国留学奠定了扎实的语言基础。

1937年，程开甲获浙江省教会中学高中英文演说竞赛第一名

比赛结果，秀州中学旗开得胜，一举拿下两项单科冠军，并获得集体第一名。程开甲获高中英文演说竞赛第一名，他的同班同学于康庄获得高中作文竞赛第一名。秀州中学名声大震，翌年，报考人数剧增。

5 萌发要当科学家的理想

在秀州中学，程开甲有过一次"当官"的经历。

高中二年级时，他被同学们推举为膳食委员会主任。

膳食委员会是一个住校生管理伙食的组织，规模比较小。当时，学校食堂采用招标的办法承包给外面的老板。膳食委员会成立的目的，就是在允许私人老板有合理利润的前提下，监督伙食的质量和食品的卫生。膳食委员会主任每天要向食堂派出 2 名监厨，高中、初中各派 1 名。监厨一早就去伙房，监督厨工称米、称油、下锅烧饭，防止偷工减料和不注意饮食卫生。膳食委员会主任的任务是：每天与老板一起算出当天主、副食品的用量，米多少、油多少、肉多少、菜多少……样样都要算清。如果有同学对伙食质量或卫生问题提出意见，膳食委员会主任就要与食堂老板交涉，并罚他在第二天给每桌加一个菜。

有生以来第一次"当官"，程开甲十分珍惜同学们对他的这份信任。为了让同学们吃得满意，他甚至耽误功课也在所不惜，以致《诗经》课考试，成绩不及格。

程开甲因为"当官"导致学习成绩滑坡，引起了训导主任俞沧泉的关注。他了解程开甲这个"特别生"，除了 1、2、3、4、5 和 A、B、C、D、E 等数学、英文符号，头脑中不可能装下柴、米、油、盐、酱、醋这类东西。

有一天，高年级同学联合起来要罢程开甲的"官"。俞沧泉知道后，怕对他造成心理打击，在"罢官"之前，把他叫到办公室谈心，与他一起分析考试不及格和"当官"不合格的原因，谆谆引导，让他认清自己的特长与优势。

临走时，俞沧泉特意把程开甲送到房门口，拍着他的肩膀鼓励说："好好努力。我相信你一定会成功!"

"官"被罢了，但程开甲一点儿也没有失落。相反，他更清楚地认准了自己的人生目标，认准了自己的努力方向……

秀州中学图书馆有许多名人传记，程开甲都借来阅读。他回忆："伽利略、爱因斯坦、牛顿、法拉第、巴斯德、居里夫人、莱布尼茨、詹天佑等中外科学家的传记，我都看过。是这些书，使我增长了知识，增强了责任感和使命感。这些科学家追求真理、热爱祖国的精神感动、教育了我，他们执着创新和不倦研究的品格也影响了我。比如，我读了巴斯德的传记，才知道食物为什么会变质、变馊。巴斯德发现了细菌，利用了细菌，掌握了它的规律，使法国的酿酒业发生了巨大的变化，仅以一项科研成果，不仅支付了当时普法战争失败后的赔款，还使法国酿造业称雄一世。读过这些书之后，我渐渐产生了当科学家的理想。"

爱迪生说，科学上的成功靠的是99%的汗水加1%的灵感。程开甲把这句话牢牢地记在心里。他总结科学家成功的秘诀，一是勤奋，二是肯动脑筋。

从此，他处处以科学家为榜样，沿着他们曾经走过的道路而努力。

中学里的小青年已经知道爱漂亮了，大多蓄发留西式头。

程开甲却把头剃成平头，因为这样可以节省每天的梳头时间。他黎明即起，每天在晨曦中早读，晴天在思进堂前面的草坪上，雨天在健身房。起床钟响后，他带着书本跑步到大操场参加早操。每天晚饭后至夜自修前的一段时间，一般同学都在寝室或教室内闲谈，程开甲却早已在自己的座位上埋头苦读了。学校晚上 9:30 熄灯，他就坐在楼梯口的廊道灯下，有时甚至在厕所里读书，常常持续到深夜 12 点。他能持之以恒，天天如此，节假日亦不例外。

以上这段文字，是从程开甲校友撰写的回忆录《勤奋的人》中摘录出来的，它再现了 80 多年前程开甲在秀州中学读书时刻苦学习的情形。

读完中学课本，程开甲就提前预习大学课程，开始钻研微积分，他甚至找来美国加州大学的原版课本学习。程开甲大妈的叔叔留过洋，她的堂弟洪兆钺家收藏了许多外文原版图书，程开甲经常去他家借书。高中二年级时，他从洪兆钺那里借来英文版《格列佛游记》，爱不释手，舍不得还。直到晚年，洪兆钺从台湾回大陆探亲，与程开甲小叙，谈起这一趣事，洪兆钺还说："书尚未完璧归赵。"

除了勤奋，程开甲还有一个与众不同的地方，用姚广钧的话说："他是一个肯用脑筋的人。"初中二年级时，他就想搞发明。

有一天晚上，姚广钧正在批改作业。程开甲手里拿着一张图纸，敲开了他的门："姚老师，我想，我已经有了一个发明。"

姚广钧把程开甲让进房间，他迅速地将手中的图纸摊开，只见上面画着一个大船模型。他指着纸上的大船对姚广钧说："我想造

程开甲向姚广钧老师汇报自己的发明

一条大船，通过船的重量把大海的水压到船里面去，然后用水的冲力带动发电机发电。发电机工作后，一面可以把船开动，另一面可以把船中的水抽出去……"

当然，这不是一个发明，按照这个想法也不可能发明出这条大船来，但面对这个 14 岁孩子画出的大船模型图和奇思妙想，姚广钧还是惊叹不已。他非常耐心地听完程开甲的讲解，并与他进行了很长时间的讨论。临别的时候，姚广钧爱抚地拍了拍他的脑袋："再动动脑筋想一想。"

不断受到老师鼓励与指导的程开甲，用脑更勤了，这样的发明，经常出现在他的想象中。高中三年级，他还尝试研究一个定理，啃了许多书本。每次遇到这类事情，不管多么的异想天开、多么的不切实际，老师们给予程开甲的都是满满正能量的激励。

2016 年，程开甲在他的口述自传中回忆当年这些事，深情地说："老师对学生敢于想象、敢于'发明'的童心，精心呵护、鼓励和引导，这对学生的成长很重要。我一辈子都没忘记姚老师那句'再动动脑筋'的话，我很感激他们。"

1986 年秋，年近八旬的俞沧泉到北京办事。程开甲听说后，要俞老师一定住在自己家里，并与夫人高耀珊商量，把最好的房间腾出来给俞老师住。俞沧泉到北京那天，程开甲不巧生病住院。他叮嘱已年近 70 的夫人，一定代他去火车站迎接。为了让俞老师吃好、住好，高耀珊还到处打电话询问俞老师的饮食习惯和生活喜好。这次，俞沧泉在程开甲家里住了半个月，足见师生情深。

6 浙江大学物理系的公费生

1937年盛夏，酷暑炎炎。

程开甲和他的同学们从秀州中学毕业了。他们带着对知识的渴求和对未来美好生活的憧憬，相约一起报考大学。就在他们聚精会神学习、准备迎接考试之时，七七事变爆发了。北平卢沟桥上的隆隆炮声，打破了年轻学子们内心的宁静。一些同学宣布放弃考大学的机会，投笔从戎。但程开甲认定，要救国，先得有本事；要有本事，先得上大学。他捏紧拳头，坚持学习，同时报考了交通大学机械系和浙江大学物理系。他一辈子都没有忘记，他的大学入学考试，是在上海外国租界的考场完成的。

优异的成绩，使他同时收到了这两所大学的录取通知书。唯一不同的是，浙江大学的录取通知书上，注明了"公费生"三个字。

公费生，是浙江大学给予极少数考生的一种奖励。考上公费生的学生，每学期可以从学校领取100元的资助。按当时的物价水平，有了这笔资助，大学4年的基本生活开销，就不需要从家里拿钱了。因此，程开甲选择去浙江大学。

当程开甲把浙江大学公费生的录取通知书拿给大妈时，她高兴极了，拉着他来到祖宗牌位前上香，并三叩九拜，边拜边对着丈夫程侍彤和公公程敬斋的在天之灵告慰道：开甲未负"开甲"之名，实现了程家几代人的夙愿。拜完祖宗，她喜笑颜开地走东串西，将这一喜讯遍告邻里乡亲。一来，这是程家光耀门庭的大喜事；二来，程开甲考上公费生，为她免去了不轻的经济负担。

1937年秋，在乡亲们的祝福声中，程开甲来到浙江杭州，穿上浙江大学配发的统一制式服装，进入物理系学习。

此时，浙江大学经校长竺可桢一年半的治理，风气已经大变。

浙江大学的前身是求是书院，1897年5月，在维新变法思潮影响下，由清末杭州知府林启创办，办学宗旨是"务求实学，存是去非"。1902年，改称浙江大学堂，后来又几度易名，1928年定为浙江大学。1933年4月，郭任远出任浙江大学校长。由于他与国民党浙江省党部相配合，对学生实行军事化管理，任意开除、处分学生，引起全校师生不满，先后有梁希、吴耕民、金善宝、蔡邦华等50多位著名教授愤然辞职。仅物理系，在1935年离职的就有张绍忠、何增禄、束星北3位教授。1935年12月，浙大学生响应一二·九运动，发起了一场"驱郭罢课"运动，要求教育部另派他人继任校长。在此背景下，1936年4月，既无党派之见，又在学术界享有盛誉的竺可桢教授经推荐，成为浙江大学第5任校长。

教育界有句至理名言："一个好校长，就是一所好学校。"

竺可桢之于浙江大学，犹如蔡元培之于北京大学、梅贻琦之于清华大学、萨本栋之于厦门大学，都是大学教育的丰碑。

竺可桢接任浙大校长后，立即对教师阵容、教学管理、课程设置等采取一系列改革措施，很快就使动荡不安的浙江大学转入健康发展的轨道。他亲自登门，把"驱郭罢课"学潮中愤然离职的许多老师，一一请回，比如物理系的张绍忠、何增禄、束星北教授等人；对原有的老教授苏步青、陈建功、李寿恒、贝时璋、吴耕民等人，全部加以重用；此外，还新聘了胡刚复、梅光迪、王淦昌、卢守耕等一批著名学者来校任教授。程开甲入校时，浙江大学已经是群贤荟萃、大师林立。

他所在的物理系，更是实力雄厚，充满创新活力。王淦昌、束星北两位教授，是一对奇妙的组合。他们两人同岁，都是留学归来，都有很深的学术造诣。一个留德，一个留英；一个瘦小，一个魁梧；一个擅长实验，一个擅长理论；一个性格憨厚，一个棱角分明。他们都对科学研究有炽热的追求。在他们的影响、推动下，物理系的学术氛围空前民主、空前浓厚，物理讨论课更是全校闻名。

程开甲说："我很幸运，一入大学就遇到学界一流的老师。当年，王淦昌、束星北等老师虽然很年轻，但在科学事业的道路上已很成熟。他们不仅学识渊博、学术过硬，在为人、做学问等方面也深深教育了我们。在他们的影响和指导下，我打下了坚实的功底，学到了勇于探索、勇于创新、献身科学的精神。"

7 流亡中的眼泪

　　1937—1941 年，是程开甲求学生涯中最艰难的时期。他的大学学业，是在流亡中完成的。

　　程开甲入学时，八一三淞沪抗战的战火开始蔓延到上海周边。日军飞机时常对南京—上海、上海—杭州两条铁路沿线地区进行空袭，致使浙江大学的师生无法正常教学和生活。

　　据竺可桢统计："浙大自 1937 年 9 月 20 日上课至 10 月 30 日，6 星期中因警报而不能上课的时间，自晨至晚平均为 6%。最坏为上午 8 点至 9 点，占 28%；次之，下午 2 点至 3 点，为 22%。"

　　由于空袭频繁，人心惶惶，竺可桢决定先将一年级的新生 100 多人，转移到西天目山的禅源寺。这样，程开甲在浙江大学校本部阳明馆仅读十几天书就搬家了。在西天目山，他们也只安静了一个多月，上海即沦陷。

　　上海失守，杭州告急。浙江大学被迫内迁。从此，程开甲随着学校过起了流亡的生活。

　　杭州—建德—吉安—泰和—宜山—遵义—湄潭，随着日军步步逼近，浙江大学搬迁了 6 个地方，有的地方落脚不到半个月又走。对于搬迁的艰辛，当时在浙江大学教英文的美国学者马利奥特写了一篇报道——《流亡大学》。

流亡途中，位于贵州湄潭的浙江大学图书馆

　　搬迁之旅，对每个浙大学生来说，是一场真正的考试，既考智慧，也考意志。由于时局和交通的限制，每次搬迁，学校只能作出一个整体安排。至于每个人如何到达目的地，则需要自己想办法。

　　程开甲从浙江兰溪出发时，搭乘的是一列无棚露天货运火车。当时，车上人多拥挤，天又极冷。在一个狭窄的空间里，他忍饥挨饿，站了整整三天三夜。好在到达江西玉山时，程开甲遇到了校方的接应人员，否则，将不堪设想。

　　浙江大学颠沛流离的搬迁途中，给程开甲留下最深印象的地方是宜山。在这里，他两次落泪。

　　广西宜山，地处西南，昔称"蛮烟瘴雨之乡"，并有"宜山宜水不宜人"之说。尽管这样，考虑到逃避战火，1938 年 10 月，竺可桢还是决定把浙江大学从江西泰和搬到这里办学。

浙江大学的这段西迁之路艰辛万分，不但路途遥远、人员众多，搬迁物品也很多，图书、仪器、行李，计2000多箱。为此，迁校委员会进行了周密安排，尤其对图书、仪器的运输作了重点部署，精心选择了沿赣闽间水路入桂的路线。为确保办学设施的运输安全，学校除指派专人负责这次押运外，还在赣州、大庾、南雄、曲江、茶陵、衡阳、桂林等地设立了运输站，负责车、舟调度。一路上，师生们视图书、仪器设备为命根子，撤离前认真包扎，一根教鞭、一把米尺、一本杂志都舍不得遗失。然而，运输中途，因受到日本军舰的骚扰，物理系的几箱设备、图书不慎落水。当行李到达目的地，师生们开箱拆包、清点教具时，发现许多杂志、书籍都在水中浸泡过，有的已经字迹模糊，有的根本无法使用。爱书如命的程开甲看到心爱的书籍、资料严重受损，伤心地哭了起来。其他同学见状，也跟着一起掉泪。还是老师们坚强些，他们将同学们组织起来，将受潮的书籍一本一本烘干、修补，把损失减到最小。

在程开甲的记忆中，这是他在大学4年颠沛流离的生活里第一次流泪。

浙江大学西迁，被誉为一支"文军"的长征。

一路上，这支"文军"不但播下了科学文化的种子，而且弘扬了中华民族不可战胜的精神。这自然是侵华日军不愿看到的。1939年2月5日，日军飞机以浙江大学为目标，进行猛烈轰炸。这次轰炸，日军共出动飞机18架，投掷炸弹118枚，炸毁浙江大学宿舍8间、大礼堂1幢、教室3幢。程开甲等人的宿舍损失最惨重。他的衣服、被褥、书籍、笔记本，全都化为灰烬。除随身衣服，他一无所有。所幸，学校平时的防空教育得法，没有造成人员伤亡。

程开甲之后使用的学习、生活用品，全是老师和同学们捐献的。他从老师和同学们的手中接过棉袍、被服和笔记本时，百感交集，禁不住热泪盈眶。

这是程开甲在搬迁途中第二次流泪。

宜山轰炸后，浙江大学师生们的生活更加窘迫了。关于伙食，有人这样回忆说："菜，少得可怜，不够分配。食量大点的同学，到最后只有吃白饭。女同学吃东西比较斯文，大家客客气气，彼此心照不宣，实行'蜻蜓点水'和'逢六进一'制。所谓'蜻蜓点水'，就是夹菜不能大块大块地夹，要像'蜻蜓点水'那样点到即是，比如吃豆腐乳，只能用筷头粘一点点即可。所谓'逢六进一'，就是吃六口饭才进一口菜，六口饭分两次下咽，'一长五短'之后，才能吃菜。"生活艰苦，可见一斑。

中华之大，竟然没有一块求知青年摆放课桌的地方，这之中的

程开甲坚定了科学救国思想

悲愤和苦楚是可想而知的。

1939 年 2 月，程开甲听了竺可桢给学生们所作的题为《求是精神与牺牲精神》的著名演讲，思想受到强烈震撼。

竺可桢首先讲述了布鲁诺、伽利略、开普勒、牛顿、达尔文等科学家的重大贡献，然后慷慨激昂地说：现在，欧美显得先进，实迄 16 世纪为止，欧美文明还远不如中国。但由于有这些先贤的求是之心，他们凭自己的良心，甘冒不韪。有的因求真知被烧死，有的被囚禁，但是不变其初衷，终于真理得以大明，然后科学才能进步，工业才能发达，欧美才得先进。中国要想强盛，要使日本或别的国家不敢侵略中国，只有靠中国人自己的力量，别人是靠不住的。培养这种力量，就是大家到浙江大学来的使命。

听了竺可桢的演讲，程开甲热血沸腾，再联想到高中时读的巴斯德传记，进一步认识到科学技术造福国家、民族的伟大力量。竺可桢的演讲结束后，程开甲在笔记本上写下了两行文字：

中国挨打原因：科技落后。

拯救中国药方：科学救国。

8　别开生面的"相对论"

在浙江大学读书的 4 年里，有 4 位老师对程开甲影响很大。他们是：束星北、王淦昌、陈建功、苏步青。其中，束星北对程开甲的培养不但倾注智慧，而且倾注感情。程开甲对束星北的感情也与众不同。

程开甲与束星北第一次见面，就别开生面。

程开甲入学后的第 13 天，束星北作为教授代表来到西天目山看望物理系的新生。他先把学生们召集到身边，然后像变戏法似的，从挎包里掏出一个小天平摆在桌上。待天平稳定后，他用手轻轻一碰，天平上下摆动起来。束星北问："这是什么道理？"学生们都答不上来。他说："道理很简单，天平的重心在底下。"随即，他告诉大家学习物理的八字要诀："懂得道理，弄清原理。"初次见面，程开甲学习物理的兴趣就这样被束星北调动了起来。

束星北曾留学美、英、德等国，得到过物理学家爱丁顿、数学家斯特洛伊克等多位名师指导。爱丁顿和斯特洛伊克坚持数、理并重的学术特点及哥廷根式的学术作风，对束星北影响甚深。

大学二年级，束星北给程开甲他们讲理论力学，既不用课本，也不写讲义。开头一个月，专门讲牛顿运动三定律。他常常结合日常生活中遇到的场景，把力学的基本原理，阐述得很透彻、生动，使学生们为之神往。他教热力学，同样用一个月，讲熵的概念和热力学第二定律。对于物理学中最难理解的问题，听了他通俗易懂的讲解后，学生们都会轻松愉快地进入物理学殿堂。在当时的物理系，束星北是最受学生欢迎的老师。

程开甲晚年谈起束星北当年的风采，这样说："束星北教授精力充沛、思维敏捷，课讲得浅显易懂、深入浅出。我们都很佩服他。那个时代，像束星北这样集才华、天赋、激情于一身的教育学家、科学家，在中国科学界是罕见的。他的物理学修养和对其内涵理解的深度，国内也是少有的。"

期末考试，束星北的考题也是别开生面的。程开甲能进入束星北的视线，凭借的是一张力学答卷。

当时，有道考题："太阳吸引月亮的力比地球吸引月亮的力要大得多，为什么月亮还跟地球跑呢？"

出完试卷，束星北笑了笑，笑中带着几分得意。

批阅完试卷，束星北又笑了笑，笑中带了几分满意。

这是因为，全班学生中有两个人，把他的这道难题破解了。一个是程开甲，另一个是胡济民。程开甲用牛顿力学的原理计算出，在太阳的作用下，地球与月亮间的相对加速度要比太阳与月亮间的相对加速度大得多，所以，月亮只能绕着地球转。

就这样，在众多学生中，束星北非常高兴地找到了程开甲这个矮个子学生。从此，对他刮目相看、用心栽培。

为了让程开甲开拓视野、博采众家之长，束星北要求当时还在念大二的程开甲，去旁听王淦昌主持的物理讨论课。

物理系的物理讨论课，分甲、乙两种。甲种主要由全系教师和四年级学生轮流作学术报告，乙种主要由束星北和王淦昌讲解物理学的前沿问题和研究进展。

物理系的物理讨论课宽松、自由，报告过程中可以随时打断、插话。老师们也会经常提问，或要求报告人回答，或引导大家讨论。参加物理讨论课的人很多，每次都在100人以上，朱福忻、朱正元、罗鄂复、吴沛民等老师都来，其他系的学生也有来的。讨论课上，最活跃的是王淦昌和束星北。别人作报告时，他们两人经常插话；有时则是两人争论，像小孩吵架似的，争得面红耳赤。争论之后，如果能达成共识，他们会开怀大笑。束星北是一个容易激动的人，激动时，他会跑到讲台上，将报告人赶下去，自己开讲。王淦昌则是一个揪着问题、抓住不放的人，经常冥思苦想。每次出现这种情况，束星北就会调侃他："天下本无事，唯王淦昌自扰之。"

最初参加物理讨论课，见王淦昌、束星北"吵架"，程开甲觉

程开甲与束星北、王淦昌讨论物理问题

得很惊讶，后来就习惯了，知道那是科学精神使然。私下里，王淦昌和束星北是最好的朋友。

大学三年级时，束星北给程开甲他们讲授狭义相对论。

狭义相对论是束星北的研究专长，也是他的拿手好戏。开始，选课的人很多，但学着学着，就只剩下程开甲一人了。于是，束星北将教学形式改为研讨式。师生二人相对而坐，面对面教，面对面学，面对面研究，面对面争论，被同学们称作"真正的相对论"。正是这门课程和这种别开生面的"相对论"，让程开甲受益一生。

1941 年，程开甲在束星北的指导下，完成了他的毕业论文《相对论的 STARK 效应》，获得老师们的一致好评。毕业后，他被留在物理系，担任束星北的助教。1943 年，束星北被调到重庆，参与国民政府的雷达研制工作。程开甲开始运用所学相对论知识，开展独立研究。他首先研究了水星绕太阳运动的轨迹。这个轨道计算是一直没有解决的问题，经典的牛顿力学计算给出的运动轨道与天文测量轨道偏差一倍。程开甲从相对论角度进行分析与计算，首次给出了与测量结果一致的水星运动轨道。研究成果《用等价原理计算水星近日点进动》，于 1945 年发表在国际顶级期刊《自然》上。这是程开甲独立发表的第一篇学术论文，有标志性意义。

之后，程开甲又撰写了《对自由粒子的狄拉克方程推导》。这篇论文完成后，他寄给狄拉克本人审阅。狄拉克方程是英国著名理论物理学家狄拉克提出的，以前没有人证明过，包括狄拉克本人也未曾证明。程开甲利用相对论，对自由粒子的狄拉克方程进行了严格的理论推导，证明了狄拉克方程在自由粒子条件下的逻辑正确性和相对论量子力学的逻辑自洽性，对整个相对论量子力学的发展具有重大意义。1946 年，程开甲的这篇论文经狄拉克推荐，在英国剑桥大学《剑桥哲学学会会刊》发表。束星北看到程开甲在相对论领域独立开展研究并取得成果，十分高兴，因为这是对他别开生面"相对论"教学效果最现实的检验。

令人痛惜的是，秉性耿直的束星北后来的人生之路非常坎坷。直到 1995 年，他的家人和学生才将他的遗稿《狭义相对论》整理出版。王淦昌在序言中这样写道："这是他几十年教授'狭义相对论'这门课程的结晶。书中有些内容属于他自己的独创，是一般同名的教科书所见不到的"，"这不仅有助于我国相对论物理学的教学和研究，也是对这位才华出众的爱国科学家坎坷一生的一种意义深长的纪念"。

现如今，束星北的著作《狭义相对论》，就静静摆放在程开甲的书架最醒目的位置，80 多年前恩师的音容笑貌、耳提面命常常浮现在他眼前。每当想起往事，他就会把这本书拿出来翻一翻。这是又一场别开生面的"相对论"，一场永不终结的"相对论"……

9 "娃娃教授"谈中子发现

　　程开甲在浙江大学读书时，物理系有一位"娃娃教授"。他是程开甲一生敬重的先生，他的名字叫王淦昌。

　　1907年5月，王淦昌出生在江苏常熟，1929年毕业于清华大学，1930—1933年留学德国，1934年回国，任山东大学教授，1936年被聘为浙江大学物理系教授和系主任。当时，他29岁。由于王淦昌年轻有活力、学识渊博、性格开朗、待人真诚，老师和同学们都很喜欢他，亲昵地称他为"Baby Professor"。

　　王淦昌是著名女科学家迈特纳的学生，对科学研究的新发现特别敏感，并能及时介绍给大家。抗战时期的浙江大学，地处僻壤，交通不便，图书、设备不齐全，但在王淦昌家里，常常能看到从国外辗转寄来的《物理评论》等期刊。这类期刊虽然来得晚些，却是他的精神食粮。许多论文的重要实验数据，他能记得一清二楚，谈话中常常信手拈来。对此，束星北很敬佩。他曾在私下告诉程开甲："王先生熟悉文献资料，他那里思路很多，你可以从他那里得到启发和研究课题。"在束星北的点拨下，程开甲经常向王淦昌请教。

　　从"娃娃教授"王淦昌那里，程开甲学到了搞科学研究的两条诀窍：一条是"紧跟前沿"，另一条是"抓住问题，扭住不放"。

1939 年 2 月，哈恩对于重核裂变的发现和迈特纳解释这种现象的科研成果相继发表。王淦昌敏锐地捕获到这一科学新信息。7 月，他在物理讨论课上，及时给物理系师生作了题为《铀的裂变》的报告，介绍对铀核裂变的发现。程开甲记得，当王淦昌介绍到"迈特纳估算一个铀核裂变释放 200 兆电子伏特能量，比同等重量的煤燃烧释放的能量大百万倍"时，教室里的气氛很活跃，大家热烈讨论。1940 年，王淦昌给程开甲他们讲原子核物理。当讲到核裂变时，他预测："如果可控的核裂变链式反应能够建立，人类将进入一个新的时代。"这是程开甲第一次接触原子核方面的知识。之后，他在与束星北的研讨式教学中，"还就这个问题进行过讨论，并力图寻找出一个能把这个能量拿出来的办法"。在"娃娃教授"王淦昌的影响下，程开甲一生都十分注意对科学前沿的跟踪和对科学动态的把握。

王淦昌还经常用科技史上由于科学家粗心大意，而导致与科学发现失之交臂的案例，来教育学生。

比如，关于中子的发现过程，他说，本来，约里奥-居里早已从照片中观察到一个无头的重径迹，但他粗心大意，主观臆断地认为这是个 γ 射线碰撞粒子的径迹，没有认真地去研究它。但查德威克不这么认为，他认真地对这一现象研究了好几个月，仔细地计算了它的动量、能量交换关系，认为约里奥-居里的判断是错误的。查德威克证明了这个重径迹必定来源于一个质量与质子相近的中性粒子的碰撞，从而发现了中子。由于这一发现，查德威克一举成名，获得了诺贝尔物理学奖。

程开甲清楚地记得王淦昌两次讲过这个故事，并十分惋惜地说，要是约里奥-居里当时不粗心大意，这个奖就应该是他的。讲完这个故事之后，王淦昌用德文说了一句极有哲理的结论："Rome ist nicht ein TaggeschtaIten"，意即"罗马绝不是一天建起来的"。

王淦昌不但这么说，也这么做。

20世纪40年代初，中微子假设已提出10年，但过去的实验都不能确切地证实中微子的存在。王淦昌研究了电子、中微子，坚信原子核变化时，"中微子一定存在，而且是可以测量的"。经过认真研究，1941年，他撰写了论文《关于探测中微子的一个建议》，建议测量 Be^7K 俘获的终态原子核反冲能量，来验证中微子的存在。这篇论文在美国的《物理评论》上发表后，美国物理学家阿伦按照王淦昌的方案进行测试，基本验证了他的论断。这项成果，成为弱相互作用实验中的一个重要里程碑，是粒子物理研究中一个值得纪念的发展环节。由于王淦昌对确认中微子的存在所作的重要贡献，《物理评论》将他的这篇论文评选为1942年最佳论文。1943年，美国的《现代物理学评论》将其列为国际物理学重大成就之一。尤其让学术界感动的是，王淦昌的这一研究是在日军飞机、大炮的骚扰下，在遵义的一座破庙里完成的。

王淦昌讲述的科学故事和他亲自创造的科学故事，使程开甲深受教育、终生不忘。在之后的科学实践中，程开甲一直向王淦昌学习，也一直告诫自己：遇到问题要执着、要认真、要穷追不舍、要坚持到底。

程开甲与王淦昌的师生情谊保持终生。每逢节假日、王淦昌的生日，程开甲一定不会忘记让家人陪他一起去看望王先生。而王淦昌呢，几十年中，不管程开甲的地位如何变化，一直把他当成自己最骄傲的学生，终生不改口，亲切地叫着"开甲"。

10 大学三年级发表数学论文

　　程开甲从小就喜欢数学，从初中到高中，数学成绩一直名列前茅。虽然在大学选择的是物理专业，但他对数学的兴趣从未减退。由于物理学的许多问题需要数学知识，所以大学 4 年中，他选修了数学系的许多课程。特别是陈建功、苏步青两位教授的课，他都去听。

　　陈建功、苏步青，先后在 1929 年、1931 年毕业于日本东北帝国大学研究生院，获理学博士学位。陈建功是第一个获得日本理学博士学位的中国人，苏步青是第二个。陈建功在函数论特别是三角级数方面，有很深的研究。苏步青的专长是微分几何，在国际上有重大影响，被西方誉为"东方第一几何学家"。

　　他们毕业时，中国正值军阀混战，政局动荡。许多人担心他们回国后会断送学术前程，纷纷挽留，但他们不为所动，毅然选择回国，并来到浙江大学教书。他两相约：花 20 年时间，把浙江大学数学系办成世界一流水准的数学系，为国家培养人才。

　　1931 年，陈建功和苏步青合作，共同举办了浙江大学高年级数学讨论班，让学生接触数学前沿知识，培养他们的独立研究能力。

　　大学三年级时，程开甲听陈建功讲授复变函数论，受到启发，常向他请教一些别人提不出的问题，陈建功每次都耐心解答。后来，程开甲撰写了论文《根据黎曼基本定理推导保角变换面积的极小值》。一天下课后，程开甲跟随陈建功来到他的办公室，把论文恭恭敬敬地摆在他的办公桌上，请他批阅。陈建功虽然十分欣赏程开甲这个好强又聪慧的学生，但他根本想不到一个大学三年级的学生会写出什么有价值的学术论文来，所以，只粗粗地看了一下题目，就将它放到一边。但他的助教彭慧云很好奇，从桌上拿起程开甲的论文仔细阅读，认为程开甲的推导正确，高兴地把自己的意见告诉陈建功。陈建功再看时，立即喜上眉梢，边看边用红笔修改，还不住地赞叹："没想到，这小子还真的有这个能耐了！"随即，陈建功将这个喜讯告诉了苏步青、束星北，三人一同分享教书育人的成就和喜悦。后来，由陈建功把程开甲的这篇论文推荐到国外杂志发表。由于战乱，程开甲一直不知道这篇论文的下落。直到多年后，他才发现自己当年的这篇文章，被苏联斯米尔诺夫所著《高等数学教程》第 3 卷第 2 分册第 2 章第 39 节全部引用。这份迟来的惊喜，也为导师玻恩的评价——"程开甲在数学方面很有天赋"提供了依据。

11 灯油钱与"程 Book"

程开甲回忆说："大学二年级时，我听了竺可桢校长的一次演讲。他说，一国的强弱盛衰，并非偶然而致。现在的世界是技术的世界，是科学的世界，今后应精研科学、充实国力。听了这些，我决心照着去做，树立了科学救国的思想。我学习特别刻苦，经常在昏暗的桐油灯底下夜读。"

本来，程开甲考取的是公费生，每学期有 100 元的资助费。自上大学后，家里没有再给他寄过一分钱，他的基本开销都是在这100 元的公费中解决的。如果说 1937、1938 两年，这笔公费还能基本维持他的学习、生活，那么，到了 1939 年之后，随着通货膨胀、物价飞涨，100 元变得越来越不值钱了。程开甲开始向学校借款。至毕业时，他已累计借款 2000 元。程开甲的大学毕业文凭上，比别人多了一行小字："该生欠助学金两仟元"。可惜，这张见证历史的本科毕业文凭，在"文化大革命"中被销毁了。

为了节约开支，他处处精打细算、节衣缩食。但无论他怎样节省，夜读的灯油钱，总是要比别人多上好几倍。不得已，每次夜读时，他都会把桐油灯的灯芯拨到最小。

一天，一个同学与他开玩笑："老兄，你要有本事，能一连三天三夜看书不睡觉，晚上的灯油钱全部由我出。"

一来是年轻气盛，二来是机不可失，程开甲接受了这个"赌局"。

程开甲非常了解自己，只要进入学习状态，就能废寝忘食。在开始这场"赌局"前，他做了一些准备。首先，他准备了一个笔记本，将平日里没想清楚的问题，开列出来，一一写在上面；其次，从图书馆和束星北家里借来了一大摞量子力学方面的书籍，把它们摆在书桌上；最后，到商店买了几天的干粮。一切妥当后，"赌局"开始。

正所谓"书中自有黄金屋"，读着读着、研究着研究着，程开甲完全被知识的力量所吸引，根本忘记了自己在打赌。之后的时间里，他一直看书、计算，真的没有合眼。最后，同学们担心会出事，提前一天强行"停战"。

程开甲赢得"赌局"的第二天，有个同学给他送了一个非常洋气的绰号——"程 Book"。

"赌局"的故事和"程 Book"的绰号，很快在学校传开。教授

程开甲赢得"程 Book"的绰号

出身的训导长费巩被打动了。

费巩是一个很有个性、敢做敢为的人，早年留学英国，深受西方议会政治的影响，头脑中充满了自由和民主的思想。1940 年 8 月，竺可桢校长不顾国民党政府教育部关于训导长必须由国民党党员担任的规定，任命费巩做了浙江大学的训导长。8 月 12 日，在全校师生面前，费巩作了一次别开生面的就职演说：

> 我做训导长的条件是不参加国民党，不领训导长的兼薪，用这笔钱来举办学生福利……训导长有人称之为警察局长，但吾不是来当你们的警察局长或侦探长，吾是拿教授和导师的资格出来的，不过拿导师的资格扩而充之。吾愿意做你们的顾问，做你们的保姆……训导长从今天起走前门，不走后门，大门洞开，你们有事尽可进来谈话……吾还要常到宿舍去访问同学……

费巩这样说，也这样做。当了训导长以后，他就一直为改善学生的学习和生活条件而努力，深入学生宿舍，与学生们交朋友。"赌局"的故事和"程 Book"的绰号，就是他在学生宿舍听来的。后来，费巩设计了一种白铁罐加玻璃灯罩的油灯，亮度高、烟雾少，被学生们称为"费巩灯"。有了"费巩灯"，程开甲开夜车读书的灯油钱就省多了。

费巩与学生为伍的主张和行动深受师生拥戴，却为国民党所不容。5 个月后，他不得不辞去训导长的职务，并处于国民党特务的监视之下。1945 年 3 月，费巩在重庆被秘密绑架，之后惨遭杀害。程开甲永远怀念这位好导师，永远都不会忘记"费巩灯"的光明和"程 Book"的故事。

12 回乡完婚

1941 年，程开甲大学毕业后留校任教。秋天，他踏上了返乡的路程。这是他自 1937 年上大学以后第一次回乡。这次回乡，他要祭拜已去世的大妈，然后完成一件人生大事——结婚。

结婚对象叫高耀珊，这是程开甲 16 岁那年，大妈做主定下来的一门亲事。

高家是做渔网生意的，与程开甲六姐的婆家是亲戚。高老爷娶了两房太太。据说，当媒人来提亲时，大妈提出的唯一条件是"不要小老婆生的"。就这样，在媒人的撮合下，程开甲与高耀珊的亲事在他读高中一年级那年，由两家大人做主定了下来。订婚那天，他见过高耀珊一面。姑娘长得端庄，小学毕业。之后，他一直在外读书。程家与高家的接触主要在两家大人之间。

读大学的时候，程开甲已到了情窦初开的年龄。由于流亡的关系，他与老家的联系中断了，与高家的这门亲事也就变得日益依稀、朦胧。三年级时，因为经常在一起学习和探讨问题，他与一个女同学来往密切。

束星北把这对年轻人的小秘密看在眼里。他也认为，两人是事业上能互相扶持、珠联璧合的一对，很想撮合他们。一次，束星北与程开甲聊起这个话题，程开甲坦言相告大妈已为他订婚之事。束星北听后说："既然这样，就要遵守婚约。"程开甲听了老师的话，决定大学毕业后回乡完婚。

从遵义到吴江，正常情况下只需坐船走长江，是用不了几天时间的。但当时，中国的半壁江山已经被日本军队占领，长江的交通控制在日本人的手中。程开甲不得不绕道香港。

他先从遵义坐车到柳州，再从柳州乘船到南宁、广州湾（今湛江）、澳门，然后又从澳门到香港。在香港，程开甲作了短暂的停留，拜会了昔日的恩师姚广钧，好友金之镕、祝少华等人。战乱年代，他乡遇故知，大家都格外高兴。谈起自秀州中学分手后，彼此的经历，还有家事、国事，大家感慨万千。程开甲离开香港，接下来就要进入沦陷区。沦陷区内，日军到处设立关卡，对来往行人逐一检查。每通过一个哨卡，程开甲都要向日本兵鞠躬。程开甲说："在自己的国土上受着入侵者的刁难，我非常气愤。"他知道，这就叫"民族的屈辱"。

回到盛泽程家大院，家产已被几个姐姐分光，留给他的只有几块祖宗牌位。他没有停留，也不想停留，祭拜完大妈后，直接去了太仓高家。不久，由高家操办，他与高耀珊在浮桥镇结婚。

结婚后，程开甲和高耀珊来到上海。在这里，他对高耀珊有一段深刻的记忆：

> 刚到上海，我听说，束先生的母亲去世，他也回到了上海。于是，我与耀珊商量，要她到我六姐家等我，我先到束先生家看看。没想到，她提出同我一起去。于是，我们一起去束先生家吊丧。束先生知道我们结婚了，对我们表示祝贺。这时，耀珊从包里掏出我们的结婚证，恭恭敬敬地放到束先生的面前，请他在证婚人处签上大名。当束先生工工整整地签上

"束星北"三个字并盖上章后，她对我做了个鬼脸，笑得像个孩子，意思是对我说："我们的婚姻有束先生签字盖章，看你以后怎么赖账。"这是我第一次领教夫人的精明。

程开甲与高耀珊的婚姻，是典型的中国传统式婚姻：父母之命，媒妁之言。高耀珊文化程度不高，事业上不能直接帮助程开甲，但她能吃苦、很贤惠，把程开甲当作自己的"天"和"地"，在生活上对他照顾得无微不至。程开甲参加核试验后，高耀珊带着孩子，放弃大城市的生活，把家从北京搬到新疆红山，与他一起在戈壁滩上生活，使程开甲能将全部精力投入中国的核试验事业，一辈子伉俪情深。

13 香港贫民窟内读书郎

　　1941年12月，眼看新年即将到来，程开甲必须尽快返回位于贵州遵义的浙江大学，做新学期准备工作。由于内地交通中断，他选择的路线还是从上海出发，绕道香港，坐船到广州湾，再到贵阳，最后回到遵义。当时与他们夫妻同行的，还有高耀珊的弟弟和一个远房亲戚。

　　12月7日，星期日。程开甲他们从上海顺利来到英国统治下的香港。此时，香港大街上一片祥和，到处歌舞升平、酒绿灯红。赛马场上，人声鼎沸。全然没有一丝战争的气息，没有一点临战的气氛。程开甲当即买好4张到广州湾的船票，准备在第二天离开香港。

　　没想到，第二天，香港发生了一场突如其来的战争。

　　12月8日，上午8时30分，距珍珠港事件发生仅仅3小时。30架涂有猩红色"太阳旗"的日本战斗机，突然出现在九龙启德机场上空。英国皇家空军在这里的全部家当——3架鱼雷轰炸机和2架水陆两用机，片刻之间，全部被炸毁。港岛的重要军事设施和教育设施，均遭劫难。九龙半岛狼烟四起。平时令人生畏的英国军营，也陷入了火海。

　　战争造成交通中断。程开甲花掉四分之三路费买回的4张船票，成了 4 张废纸。

除了在纷飞的炮火中等待，他们一点办法也没有。

在等待的 18 天里，英军与日军交战，但香港战役的结果是：英军彻底失败，日军占领整个香港。"米字旗"降下，"太阳旗"升起。往日灯火辉煌的"不夜城"，变成了血雨腥风的恐怖世界。

程开甲不得不作长远打算。他从束星北的亲戚束百涛那里借来 70 块钱，并找了一个"新家"。

当他把高耀珊他们 3 人领到"新家"的时候，3 个人的眼睛一齐瞪大了。他们的"新家"在香港贫民窟的一间阁楼里，周围的环境又脏又臭。4 个人挤一间房，什么用具也没有。同来的女亲戚嘬着嘴，骂骂咧咧。看到程开甲有些尴尬，高耀珊安慰说："这不挺好吗？反正我们是临时寄住，随时都要走的。"

1941 年 12 月，日军占领香港

说是临时，他们却在这里住了 3 个月。钱没了，程开甲又向姚广钧借。因为粮食紧缺，买不到米，只配给绿豆，有时只好把绿豆用水泡一泡，当饭吃。

即使在这样的环境中，程开甲也没有放松学习。坐在地上，趴在床上，他照样看书、搞研究。

经历过上海沦陷、浙大流亡，再经历香港的悲惨生活，程开甲想当科学家的信念更加坚定。他下定决心，一定要出国留学。有一天，姚广钧来看他，他把自己的想法与老师商量。姚广钧也认定，只有科学方能拯救中国，支持他出国求学。

一天夜里，程开甲他们在秀州中学同学祝少华帮助下，坐上一条神秘的大船，离开了香港。他们从香港到淡水，从淡水到惠州，从惠州到韶关，再从韶关到贵阳，有时要躲过日军岗哨的盘查，有时要闯过日伪、土匪的关卡，中途还遭遇过几次激战。一路危机重重、难关重重，但一路上有人护送、有人接待。唯一不幸的是，在韶关时，束星北托程开甲带到遵义的皮箱被偷，里面有皮鞋和毛衣。

新中国成立后，程开甲才知道，那次脱险是中共中央南方局安排的"秘密大营救"。香港沦陷后，中共中央很重视在香港的文化界人士的安危，周恩来指示："要不惜代价地抢救出这批文化精英和爱国民主人士。"中共中央南方局精心部署，选派东江纵队的骨干和经验丰富的交通员展开营救行动，共营救出爱国民主人士和文化界人士及其家属 800 余人。

1942 年春，程开甲和高耀珊几经周折，终于抵达遵义。这时，浙江大学理学院已经搬到湄潭。他们又马不停蹄赶到湄潭，程开甲开始了助教工作。

14 "陪"同学逛公园

赵善诚是程开甲一生中最要好的朋友。他俩既是同乡，也是浙江大学同年级的同学，一个学物理，一个学化学。毕业后，他们都留校任教，一个在湄潭，一个在遵义。两人的性格却迥然不同：程开甲少言寡语，赵善诚能言善辩；程开甲自理能力差，赵善诚却将生活打点得有条有理。但他们相互信任，无话不谈，一有机会，就一定见面"海阔天空"一番。

浙江大学理学院所在的湄潭，距遵义城 75 公里。湄江由东向西，绕城潺潺流过。这里很美，山清水秀，丛林掩映着农舍。观音洞、桃花江、百鸟归林和风水联保等古迹，更为这里增添了几分幽静。没有飞机的轰炸，没有浓浓的硝烟，这里仿佛是一个世外桃源。

生活安定了，程开甲一面给束星北和王淦昌两位教授当助教，一面潜心于自己的学术研究。

为了让程开甲专心做学问，束星北还托自己的亲戚，为高耀珊在遵义医院谋到了一份工作。

从此以后，程开甲经常来往于湄潭、遵义之间，有时赶不上车，就步行两天。

步行 75 公里，在惜时如金的学问人看来，既艰难，也浪费。

但程开甲很快找到一个能令这段路程既轻松愉快，又不浪费时间的好办法：思考。没有思考出答案的问题，他就在头脑中"存盘"，一有机会，再把它"打开"。即使在人声鼎沸的地方，他也可以做到旁若无人。

一次，程开甲约赵善诚一起逛公园。因为好久不见，彼此都很兴奋。走进公园，两人坐了下来，开始"神侃"。可侃着侃着，赵善诚发现程开甲慢慢"开小差"了。不一会儿，程开甲就完全成了"哑巴"，什么话也不说。从神态观察，赵善诚知道程开甲的思想已经遨游到一个只有他一个人才能进入的世界。于是，赵善诚在一旁静静守候，像一个看护，防着来往行人惊扰程开甲的思路。过了很久，程开甲回过神来，意识到身边好友的存在，抱歉地说："对不起。这几天，我在写一篇论文，有一个地方卡壳了，想了好久，刚

程开甲旁若无人地思考问题

才终于想明白了。咱们回家吃饭去吧！"

20世纪90年代，赵善诚从美国回来，程开甲与他一起回忆当年的轶事。他们仿佛又回到了青年时代，回到了在湄潭、遵义的岁月。程开甲揭秘说，他当年思考的问题，就是1946年发表在《剑桥哲学学会会刊》上的《对自由粒子的狄拉克方程推导》。正是这篇论文，引起了远在英国的物理学权威狄拉克教授对程开甲的关注。

15 湄潭的学术憾事

    1942—1946 年，浙江大学理学院在湄潭办学 4 年，创造了一段学术辉煌。

    在浓厚的学术环境中，程开甲的思维异常活跃。当时，原子核物理正处在物理学科发展最前沿，所以，浙江大学物理讨论班就这个问题引发的学术争鸣最多。其中，β 衰变是争鸣的问题之一。为了说明 β 衰变中的极弱作用，程开甲决心独立思考与研究。对此，王淦昌表示坚决支持，有时还给予重要指导。

    1944 年，程开甲经过深入研究，独立撰写了论文《弱相互作用需要 205 个质子质量的介子》。这篇论文假定存在十分重的重介子传递弱作用，并计算出这一重介子的质量为 205 个质子的质量，作用距离很短。对这个研究成果，王淦昌非常关注。

    1944 年 10 月下旬，在湄潭举行庆祝中国科学社成立 30 周年学术活动。英国著名学者李约瑟携夫人和助手，专程从重庆赶来参加。会议给李约瑟留下了很好的印象。他对浙江大学师生在战时的困难条件下，还能利用简陋的仪器设备坚持科研、开展教学赞叹不已。按照原定计划，李约瑟只在湄潭停留四五天。但来了之后，他发现可看的东西很多，行程一再延后，考察了整整 8 天才离开。

    其间，李约瑟去物理系参观，王淦昌专门向他推荐了程开甲。

王淦昌介绍说，程开甲已经收到《自然》《剑桥哲学学会会刊》两个杂志的发稿通知。李约瑟对眼前这个年轻人充满了兴趣，并与他进行了热情交流。于是，程开甲将自己的论文《弱相互作用需要205个质子质量的介子》以及写给狄拉克的一封信交给李约瑟，托他回国后转交给狄拉克。李约瑟愉快地接受了这个重托，还亲自对论文英文稿进行了个别文字的修改、润色。后来，李约瑟携带论文回国，程开甲在期盼中等待狄拉克的反馈。

经过辗转周折，程开甲终于盼来了狄拉克的回信，但信的内容让他大受打击。狄拉克在信中说："目前，基本粒子已太多了，不需要更多的新粒子，更不需要重介子。"就这样，狄拉克武断地把程开甲这篇论文"枪毙"了。

对于狄拉克的回信，王淦昌不赞同他的观点，"认为世界上事

程开甲将自己的论文以及写给狄拉克的信交给李约瑟

物那么复杂，多一些粒子也是合理的"。

但程开甲不同，因为狄拉克是国际物理学界的权威人物，所以没有去怀疑他的判断，因而放弃了对这个问题的进一步研究。

20世纪70年代，一个实验不但证实了重介子的存在，而且实验测得的重介子质量与程开甲当年的计算值基本一致。这个实验结果获得了国际最高科学评价，于1979年获得诺贝尔物理学奖。

直到晚年，程开甲还念念不忘这桩学术憾事。他一直后悔当初没有认真听取王淦昌的意见，出国后又没有与导师玻恩交流过这个问题。程开甲说："玻恩是一个在学术上很开放、很包容的人，如果我当时和他说了，他一定会支持我做下去。现在看来，对这个问题，我没有坚持，造成学术上的遗憾，是我自己的错误。"

中国有句古话："有心栽花花不发，无心插柳柳成荫。"程开甲的那篇论文虽因故未能发表，但李约瑟能亲自修改，狄拉克能亲笔回信，这对一个27岁、名不见经传的年轻助教来说，已经是莫大的鼓舞与激励。

程开甲与李约瑟的这段奇缘，带来了他科学人生的重大转折。1946年，经李约瑟推荐，程开甲获得英国文化委员会的资助，实现了出国留学的愿望。

16　爱丁堡城楼上的誓言

　　1946年8月，在英国文化委员会的安排下，程开甲乘坐一架澳大利亚军用飞机从香港出发，途经缅甸、印度、伊拉克、希腊、意大利、法国等地，经过一周时间，降落到了他的目的地——英国伦敦。

　　英国是世界上第一个进行工业革命的国家。它的文明和科学技术，几百年来在世界各地广泛传播，影响之深远人人皆知。牛顿、波义耳、虎克、哈雷等一大批科学巨匠，将英国的科技水平提高到了全世界的顶峰，英国有"自然科学家的摇篮"之称。直到第二次世界大战结束时，英国的世界科技中心地位仍无人能动摇。

　　走下舷梯，他立即感受到了英国先进的文化气息。相比之下，当时的中国实在是太落后了。多愁善感的他，想到了中国古代遥遥领先于世界长达1400年之久的科学技术，想到了来自世界各地如朝圣般到中国长安学习的"遣唐使"队伍。那时，世界科技交流的中心在亚洲、在中国。可在20世纪40年代，我们中国人却要背负着救亡雪耻的重担，背井离乡来向别人学习了。真可谓沧海桑田！

　　来到英国的第三天，程开甲接到通知，他被分配到爱丁堡大学。

　　爱丁堡是欧洲最美丽的城市之一，素有"北方雅典"之称。这里的景观是大自然的杰作。城市处于山峦和峡谷之间，依山傍水，风光绮丽。气候湿润温和，除春季多风外，夏、秋两季绿树成荫，鲜花盛开。18—19世纪的杰出建筑更为当地景观增色。

爱丁堡大学创建于1583年，是一所拥有400多年历史的世界著名大学，早在17世纪末，就成为欧洲主要的学术研究和教育中心之一。18、19世纪之后，随着英国和全世界的经济、科技、文化、学术的迅猛发展，爱丁堡大学的规模不断扩大，办学成绩斐然。

著名生物学家达尔文，就曾在该校的医学院学习。这所大学培养出来的著名学者还有：诗人汤姆森、麦克菲森，小说家司各特、斯蒂文森、贝尔，哲学家兼历史学家穆勒，画家威尔基，散文家兼历史学家卡莱尔，等等。中国第一位留欧学生黄宽也求学于爱丁堡大学，1856年在这里获得医学博士学位，是中国留欧学生的先驱。

从抗日战争的硝烟炮火中走来的程开甲，徜徉在爱丁堡这座美丽的城市，置身于爱丁堡大学这样一所著名的学府，感受着奇特的苏格兰文化，精神不禁为之一振。

然而，接下来发生的事情，给了程开甲当头一棒。苏格兰的风景是美丽的，但享用它时，他的心情是苦涩的。

程开甲回忆道："当时，中国人在国外没有地位，人家看不起你。连你发表论文也会遭到怀疑，他们认为中国人没有这个水平。记得刚到英国时，为租房，我吃了不少苦头，受了很多白眼。有的房东明明有空房，却不租给中国人。好不容易找到愿意租的，又不肯将好房间租给我，多给租金也不行。有一次坐电车，我听到两个英国人在交谈，说他们最讨厌奶油面孔的人。当时，车上只有我一个黄种人。还有一次去海滩游泳，我们几个中国留学生一下水，几个英国人就指着我们说：一群人把水弄脏了。更令人愤怒的是，有一次，有个英国人当面向我发问：'你喜不喜欢猴子？'英文中，'喜欢'和'像'是同一个词——like，也是在问我'你像不像猴子？'他是在用双关语污辱我，非常令人气愤。"

每当遇到被洋人歧视、嘲笑，程开甲的心都很痛。他深深地感到个人受到的屈辱，不只针对自己，而是针对中华民族。中学时，程开甲读过《中国必亡论》，当时只有很深的自卑感，不懂反抗。现在，对他而言，国家、民族的观念已非常清晰。

寄人篱下的屈辱和苦闷，激发了他发奋攻读、为国图强的志气和决心。

一天，他和两个中国同学一起出游。在爱丁堡的城楼上，他们相约许下誓言：珍惜机会，学有所成，报效国家！

17　玻恩和他的 "Lost Sheep"

1946 年下半年，程开甲正式成为玻恩教授的学生。

程开甲说："出国留学申请表上，我们填写了自己所作研究的情况，由英国文化委员会请专家审查。因为我的研究方向与玻恩的研究领域基本一致，于是将我分配到他那里。我很幸运地成了玻恩教授的学生。"

马克斯·玻恩，是世界上最负盛誉的科学大师之一，在点阵力学、量子力学甚至化学领域都有卓越、非凡的贡献，并由此获得了诺贝尔奖。玻恩是犹太血统的德国物理学家。1933 年，希特勒在德国掌权以后，玻恩流亡到英国，在剑桥大学讲学一个时期后，于 1936 年接替达尔文任爱丁堡大学教授，直到 1953 年退休。与许多著名的科学家一样，玻恩是科学国际主义的倡导者和实践者，他的有教无类思想在世界科学界早成美谈。玻恩慧眼识人，凡遇到他认为有希望为科学作出贡献的学生，都会倾心培养。程开甲成为玻恩的研究生时，从玻恩门下已经走出了许多在物理学界享有盛誉的人，如奥本海默、福克斯、海森堡、费米等等。

程开甲说："与玻恩教授的第一次见面，令我难忘。"

那天，大雾弥漫。程开甲早早就起来，把自己收拾得整整齐齐。他比约定时间提前了不少，想赶在玻恩到达之前，站在门口恭候。然而，让程开甲没有料到的是，当他到达时，玻恩已站在门口等了。一时间，程开甲手足无措，连准备好的问候语都忘记说了。好在玻恩犯了一个小小的错误，把程开甲错认成了20天前已经来报到的杨立铭。他对程开甲说："你不是已经来报过到了吗？"原来，玻恩早已接到程开甲将到他那里读书的通知，而杨立铭是经别人介绍找到玻恩的。因为两人都是中国人，玻恩一时没有分辨出来。

玻恩意识到自己弄错了，马上表示歉意。玻恩的谦逊在学术界早有口碑，但初次见面，程开甲就领略到了。

看到程开甲有些紧张，玻恩和蔼地说："你不要紧张，别把我当成什么专家。"接着，他作了自我介绍，不但介绍了自己的研究方向、研究领域；而且将他的弟子中一些有突出成就的人，也作了介绍。看到程开甲从中国来，玻恩重点介绍了彭桓武在他这里学习期间取得的成绩，还从书架上把彭桓武的论文取下来送给程开甲，勉励他以师兄为榜样，在物理学领域作出一番成就。

玻恩的随和，让程开甲消除了紧张和不安。他将自己的研究情况向玻恩作了汇报，希望能在他的指导下继续从事基本粒子的研究工作。玻恩看到程开甲有不错的研究基础，也十分高兴。

这次见面，玻恩给程开甲订下学习制度：每天上午或下午到他的办公室，交谈20分钟。

程开甲说："玻恩善于启发我们独立思考、鼓励我们畅所欲言。20分钟时间里，我可以与他自由交谈、提出问题。他欢迎、引导我与他就学术问题争论，通过解决学习、研究中遇到的疑难问题，培养我的创新精神和创新能力。"

每天20分钟，持续了整整4年。对程开甲来说，那不仅是时间概念，还包含了许多内容。在那间不算太宽敞的办公室里，留下了玻恩的谆谆教诲，也留下了程开甲与玻恩之间的师生情谊。那里，既是程开甲的求学场所，也是他在异国他乡享受亲情与温馨的地方。

在导师玻恩门下学习和研究的4年中，程开甲不但学到了许多先进知识，了解了不同学派、不同观点的分歧，而且结识了许多世界级的大物理学家、科学巨匠，确立了自己的研究方向和研究领域。

人的一生中就那么几次机遇，就那么几次幸运。成为玻恩的学生，是程开甲人生道路上的又一次幸运，也是他科学研究道路上的一级台阶。

程开甲的导师马克斯·玻恩

对于玻恩来说，有程开甲这样的中国学生，他也是自豪的。有一次，玻恩和程开甲、杨立铭一起坐电车外出。玻恩谈起第一次与程开甲见面把他们两人搞错的往事，充满骄傲地对程开甲说："You Are A Lost Sheep（你是一只失去的羔羊）"，意即"我差点儿失去你这个学生"。玻恩对程开甲的喜爱可见一斑。

18 一场报告与一个理论的诞生

　　玻恩是量子力学的奠基人之一，有"物理学家中的物理学家"的称号，他与 20 世纪的著名物理学家几乎都有交往。

　　程开甲回忆说："我到英国不久，玻恩应邀去牛津大学讲学，主讲概率论和因果论以及电动力学，我作为助手一同前往。随后，我们参加了由狄拉克主持的剑桥大学理论物理讨论会。会上，玻恩把我引荐给了狄拉克和海特勒两位教授，鼓励我大胆地去与大师们交流。"

　　海特勒在场论方面造诣很深。在湄潭时，程开甲研读过他的文章。1946 年，程开甲与王淦昌合作，在《物理评论》上发表的《五维场论》，就是受到海特勒的启发而研究完成的。当玻恩为他引荐海特勒后，程开甲十分兴奋。交谈中发现，他对一些学术问题的看法，许多与海特勒的观点相近。而狄拉克，在湄潭时，程开甲与他有两次书信交往，这次会议上是第一次相见。可惜，狄拉克是会议的东道主，太忙了。程开甲与他只是匆匆一见，没有机会交流。

　　1947 年，玻恩又带着程开甲参加了在爱尔兰都柏林举行的基本粒子国际学术会议。这次会上，程开甲认识了薛定谔、弗留里希、缪勒、鲍威尔等人，并聆听了鲍威尔教授的报告。

　　1948 年 9 月，玻恩主持召开爱丁堡国际物理讨论会，来了许多大师。特别是玻尔也来了，他的五维基本粒子理论与程开甲的观点一致。会上，程开甲向他请教，两人就这个问题进行了深度探讨。

随着学术交流的拓展，程开甲的学术眼光变得日益敏锐，从事科学研究的自信心也变得越来越强。

留学英国之初，程开甲本想继续从事基本粒子研究。因为后来的一个偶然机会，他开始研究超导。

程开甲说："1946年年底，爱丁堡大学举办了两次超导实验讲座，使我对超导问题产生了兴趣。我将周期表中的元素分为超导元素和不超导元素，发现了超导元素的分布规律。玻恩看到我画的图，觉得有道理，鼓励我做下去。"

从此，程开甲对超导问题的研究一发而不可收。在爱丁堡大

程开甲参加国际学术会议

学，他完成了 3 篇超导研究论文，先后单独或与玻恩共同发表在英国的《自然》杂志上。玻恩认为，程开甲关于超导机理的能带理论研究很有价值，建议他完成法文、俄文的文稿。论文完成后，玻恩亲自修改文稿并寄给法国的《物理与镭》和《苏联科学院报告》发表。在这些论文中，程开甲和玻恩创造性地提出了他们对超导问题的看法，共同建立了"程—玻恩"超导电性双带理论及其模型。

超导问题非常复杂。自 1911 年昂尼斯发现超导现象以后，很多人都对这一重要的物理现象产生了研究兴趣，到 20 世纪四五十年代，出现了各种各样的理论。"程—玻恩"超导电性双带理论及其模型，就是其中的重要理论之一。这一理论的核心是："超导电性来源于导带之上的空带中，布里渊区角上出现电子不对称的奇异分布。"

20 世纪 50 年代提出的低温超导 BCS 电子成对理论，在 1972 年获得诺贝尔物理学奖。但程开甲并没有向权威认输，仍然坚信自己与玻恩开创的双带理论。80 年代初，高温超导体问世，电子成对理论在高温超导现象面前无能为力。于是，程开甲重操旧业，在超导理论及其应用方面继续研究，发现了 BCS 电子成对理论存在的错误，从而引起了超导理论界的一场争论。他撰写的关于超导机理的中、英文著作，发展并完善了"程—玻恩"超导电性双带理论。

晚年，程开甲坚定地说："我坚信超导双带理论的正确性，也坚信自己对 BCS 电子成对理论认识的正确性。我坚信总有一天，自己和导师玻恩共同创立的这一理论，能够得到实验证明。"

19 与海森堡的论战

1948 年，物理学界在瑞士苏黎世大学召开低温超导国际学术会议。程开甲与玻恩合作撰写了一篇论文递交大会，题目是《论超导电性》。

会议召开时，玻恩因为临时有事，没有去参加会议。于是，程开甲作为代表，在会上宣读了他们的论文。

很巧，这次会议，海森堡也来了。他也研究超导问题，还去爱丁堡大学作过学术报告，介绍他的超导理论。海森堡认为，超导、超流是一回事。对此，程开甲坚决反对。后来，程开甲与玻恩在《自然》杂志上发表文章，公开指出海森堡这一理论的错误，并阐述了他们的超导理论。

1948 年，程开甲获得英国爱丁堡大学博士学位

由于观点针锋相对，程开甲在苏黎世会议上宣读完论文，海森堡就与他争论起来。海森堡是德国人，争吵激烈时，嘴里经常会蹦出一些德文。程开甲不但英文水平高，而且在浙江大学读书时选修过德文，学籍卡上登记的德文考试成绩是 90 分。海森堡说德文时，程开甲不仅听得懂，而且能以德文应战。所以，他们的争论时而用英语，时而说德语，非常热闹。大会主席、著名物理学家泡利，觉得十分有趣，主动提出："你们争论，我来当裁判。"程开甲与海森堡吵了很久，公说公有理，婆说理更长。泡利实在难以裁决输赢，就说："你们师兄弟吵架，为什么导师玻恩不来？这裁判，我不当了。"

海森堡也是玻恩的学生，当时，已经是物理学界响当当的权威。他创立了量子力学的矩阵形式，提出了测不准原理，成为核物理和基本粒子研究的领军人物之一，并于 1932 年获诺贝尔物理学奖。

程开甲与海森堡的这次争论，成为苏黎世会议的一个花絮。这场争论之后，泡利对程开甲留下深刻印象，将他隆重介绍给量子论的权威人物索末菲。

苏黎世会议结束前夕，程开甲去海森堡的住处与他道别。几天激烈的争论，虽然海森堡没能在观点上说服程开甲，但海森堡渊博的知识、敏捷的思维以及宽广的学术胸怀，让他对这位大师充满了敬意。看到程开甲出现在自己的房门口，海森堡也特别高兴。他不但没因程开甲挑战自己而气恼，相反，还拉近了他们的同门之谊。因为从程开甲的身上，海森堡再一次看到玻恩学生的风格：不盲从权威，只追求真理。

20 听玻恩讲爱因斯坦"离经叛道"

1948 年，瑞士苏黎世大学低温超导国际学术会议上的"论战"，让程开甲异常兴奋。会议结束后，他立即返回爱丁堡大学。第二天，程开甲照例去见玻恩，向导师详细汇报参加会议的情况。

当程开甲介绍到会上他与海森堡"同室操戈"，泡利这个裁判都"无能为力"的时候，玻恩显得格外高兴。他详细询问程开甲与海森堡之间争论的每一个细节，有时对双方的观点进行评议，有时则发出朗朗的笑声，为他们精彩的争辩叫好。

作为一位科学家、教育家，玻恩是一个善于捕捉时机、对学生进行科学精神灌输的人。在这次谈话、讨论中，玻恩向程开甲讲述了爱因斯坦"离经叛道"的科学经历，以及他取得科学研究成功的秘笈。

当第一次听到"离经叛道"四个字从爱因斯坦的好友玻恩口中说出时，程开甲以为自己听错了。他用怀疑的口气问："离经叛道？"

"是的，离经叛道。"玻恩继续说，"爱因斯坦是一个蔑视权威的人。他不仅自己不迷信权威，也反对别人把他当成权威。"

从程开甲诧异的眼神中，玻恩大概看出了他的心思，大笑了起来："哦，'离经叛道'这四个字，不是我送给爱因斯坦的，而是他自己的发明。早在 1936 年，爱因斯坦就称自己是一个离经叛道和好梦想的人。因为离经叛道，他能对经典常规实施超越；因为蔑视权威，他能背离现实传统，不断开拓新的领域。"

玻恩和爱因斯坦是一对奇妙的搭档。科学上，他们是论战对手；生活中，他们建立了终生的友谊。1914—1919 年，玻恩在柏林期间，经常与爱因斯坦往来。爱因斯坦不相信量子论，特别是测不准原理，只相信严格的因果律，实际上就是机械因果论。与爱因斯坦不同，玻恩相信概率论，并与爱因斯坦进行了长时间针锋相对的争论。玻恩写过一本书，叫作《概率和因果论》，就是针对爱因斯坦的观点的。《玻恩—爱因斯坦通信集》，也生动地记载了他们在这个问题上长达近 30 年的论战。

玻恩虽然与爱因斯坦在科学问题上争论激烈，但在音乐上是一对老搭档。常常是爱因斯坦拉小提琴，玻恩弹钢琴，搞二重奏，演奏水平远在业余之上。因为导师的熏陶，自成为玻恩的研究生后，程开甲也逐渐对钢琴产生了感情，成为一位钢琴爱好者。

从玻恩的办公室出来，程开甲感到自己在学术研究上经历了一场从未有过的洗礼——一场精神的洗礼。

60 多年后，程开甲在他的口述自传中感慨道："这次会议连同玻恩的谈话，对我影响很大。不迷信权威，敢于离经叛道、追求真理的精神，比物理成果和理论成就对人类的意义大得多。成就是有限的，而精神是永恒的。"

玻恩一生共带过 4 个中国学生，他们是：彭桓武、杨立铭、程开甲和黄昆。

玻恩在回忆录《我的一生——马克斯·玻恩自述》中，这样描述他们：

在彭（桓武）之后，爱丁堡又来了他的两个同胞，程（开甲）和杨（立铭），他们是极不同类型的人。彭除了他那神秘的才干以外是很单纯的，外表像个壮实的农民。这两位却是高尚、文雅、有高度教养的绅士，两人都很精于数学，在物理学方面也有天赋。最后一个中国人黄昆，不能算我的学生，因为他到我这儿时已是个有能力的理论物理学家。他作为 L.C.L（英国帝国化学工业公司）的研究员，在利物浦的弗留里希指导下搞研究工作。弗留里希建议他用一部分假日时间到我的部门来学习我的方法，主要是晶体点阵动力学。

这 4 个中国学生，后来都成为中国科学院院士。杨立铭在量子化规则、流体统计理论及原子核幻数的统计解释等方面，取得了有特色的理论成果。彭桓武、程开甲获"两弹一星功勋奖章"，黄昆、程开甲获国家最高科学技术奖。此外，程开甲还获得了中国军人的最高荣誉——"八一勋章"。

21 被误认为"红色间谍"

　　1949 年 11 月 14—16 日，爱丁堡大学召开基本粒子国际学术会议。这次会上，程开甲见到了一个"特别"的物理学家，并衍生出一段离奇的故事。

　　他，就是福克斯，玻恩的又一个学生。

　　福克斯，1911 年 12 月 29 日出生在德国，父亲是贵格会教徒抗议运动领导人之一、神学教授。福克斯在中学时代，就在数学和物理学方面表现出极高的天赋，先后在莱比锡大学、基尔大学学习。1932 年，福克斯加入了德国共产党。希特勒上台后，他转入地下，移居巴黎，后前往伦敦，以研究生的身份进入著名物理学家莫托的实验室。1937—1939 年，福克斯来到爱丁堡大学，跟随玻恩学习和研究。1940 年，经玻恩和莫托两位物理学家推荐，福克斯参加了英国政府秘密组织的"巨大"项目研究，并解决了一些明确原子弹基本参数所必需的重要数学问题，获英国国籍。1943 年12 月，作为英国科学家小组成员，福克斯前往美国洛斯阿拉莫斯国家实验室，与美国同行在"曼哈顿工程"（美国研制原子武器计划的代号）框架内共同工作，从事原子弹内爆机理研究，因学识渊博而引人注目，常被委以解决最重要物理—数学难题的重任。世界上第一颗原子弹爆炸成功后，福克斯回到英国，成为世界著名物理学家。

这次，玻恩主持召开爱丁堡大学基本粒子国际学术会议，福克斯也来了。当时，程开甲已经博士毕业，参加这次会议的身份是英国皇家化学工业研究所的研究员。

在回忆录中，程开甲谈到了自己与福克斯接触的情况："我见到他，玻恩为我们作了介绍。虽是第一次见面，但我们谈得很投机。"

当时，美国政府正在对有人将原子弹的核心机密泄露给苏联的事进行调查，福克斯即在被怀疑对象之列。尾随福克斯来到爱丁堡的美国特工看到他与程开甲接触，特别是了解到程开甲来自中国，以为自己有了重大发现，竟然"天才"地将原子弹机密—福克斯—程开甲—中国共产党—"红色中国"联系起来，开始对程开甲进行跟踪调查。当然，美国特工调查的结果是：程开甲既不是中共党员，也与原子弹机密没有任何瓜葛。

1950 年 2 月 3 日，福克斯被捕，被称为"最危险的世纪间谍"，判处 14 年监禁。福克斯被捕后，玻恩将程开甲被误认为"红色间谍"遭跟踪的离奇故事告诉了他，并说："当初，他们怀疑与福克斯联系的第一个人，就是你。"至此，程开甲才恍然大悟。那次学术会议后，他总感觉有段时间自己身后有个"尾巴"，原以为是自己多心，没想到还真有其事。

历史是一面多棱镜，有许多机缘巧合。10 年后，程开甲的名字竟然真的与中国共产党、与原子弹机密联系起来了；而且与福克斯一样，他最早攻关的课题就是原子弹内爆机理研究。

下　篇

22 "我看到了国家的希望"

1948 年，程开甲被授予爱丁堡大学博士学位。在玻恩的推荐下，英国皇家化学工业研究所以年薪 750 英镑的优厚待遇聘请程开甲担任研究员，实际工作还是与玻恩一起合作搞研究。

读博士期间，程开甲每月从英国文化委员会领到的资助是 25 英镑，其中房租大约花掉一半，剩下的是生活开销。当第一次领到 750 英镑的薪水时，程开甲第一个想到的，就是给坚定支持他出国留学、独自在国内抚养两个孩子的夫人高耀珊送件礼物。他来到商店，挑选了一件皮大衣。他把支票递过去结账时，老板蔑视地打量他，根本不相信黄皮肤的中国人能买得起他店里的商品，还专门打电话向银行查询。银行职员告知，程开甲是英国皇家化工研究所的研究员，老板才将大衣递给他。

这件事，再一次刺痛了程开甲的自尊心。"中国人在国外没有地位，人家根本瞧不起你。我再努力，最多也只能是一个二等公民的科学家。"

玻恩对程开甲的研究能力一直很欣赏，曾两次劝他尽快把家眷接到英国来，但程开甲都没有答复。

1949 年发生的一件事，让程开甲看到了中华民族的希望。"那是 4 月的一天晚上，我在苏格兰出差，看电影新闻片时，看到关于'紫石英'号事件的报道。看到中国人敢于向英国军舰开炮，击伤英国军舰'紫石英'号，我第一次有出了口气的感觉。看完电影走在大街上，我把腰杆挺得直直的。中国过去是一个没有希望的国家，我感到现在开始变了。就是从那天起，我看到了中华民族的希望。"

"紫石英"号事件发生在 1949 年 4 月 20 日，中国人民解放军发起渡江战役前夕。当时，南京国民党政府拒绝在国内和平协定上签字，中国人民解放军已经做好渡江作战的一切准备。英国政府为了给国民党政府撑腰打气，派出皇家海军军舰"紫石英"号、"黑天鹅"号、"伴侣"号和"伦敦"号，在长江江面肆意游弋。"紫石英"号是一艘护卫舰，排水量约 1400 吨，配有 6 门主炮。在中国人民解放军下达渡江作战命令后，"紫石英"号依仗自己的实力，罔顾

1949 年 4 月，英国军舰"紫石英"号遭中国人民解放军炮兵部队痛击

解放军的多次警告，继续驶入解放军防区，还将炮口指向解放军的阵地。解放军在鸣炮示警无效的情况下断然开火。"紫石英"号顷刻中弹30余发，情急之下，连升3次白旗。消息传开，英国朝野上下乃至世界各国为之震动。

"紫石英"号事件，让程开甲开始了解中国共产党和中国人民解放军。他给家人、同学写信，询问国内情况。先他回国的同学胡济民在回信中告诉他，国家真的有希望了。于是，他决定回国。

程开甲决定回国的消息很快在同学中传开了。一天，他和几个英国同学一起吃晚饭，大家好心地劝他留下来。他们说："中国穷，中国落后，中国没有饭吃"，等等。程开甲听了心里很是不爽，在饭桌上就与他们争吵起来。最后，他拍着桌子对他们说："不看今天，我们看今后！"

玻恩理解自己的这个中国学生报效祖国的心情。一天晚上，他与程开甲进行了一次长谈。了解到程开甲回国的决心已定，玻恩表示尊重他的选择，并叮嘱："中国现在很苦，你回去会吃许多苦头。回国途中经过埃及，多买些吃的带回去吧。"导师的关心，让程开甲很感动，但他没有按照玻恩的话做。在程开甲的行囊中，除了送给夫人的那件皮大衣，什么吃的也没有。回国前的一段时间，他都在跑书店和图书馆，买了许多固体物理、金属物理方面的书籍和资料。他想，新中国刚建立，百废待兴，钢铁、材料一定很缺。这方面的知识和资料，国内一定非常需要。在他后来的工作中，这些书籍和资料发挥了重要作用。

1950年，程开甲婉拒玻恩的挽留，放弃英国皇家化工研究所研究员的优厚待遇、科研条件，毅然回到了一穷二白的中国，开启了他报效祖国的人生之旅。

几十年后，有人问他，对当初的决定怎样想？程开甲说："对于这个问题，刚离开英国时，我想得并不多。但回国后，尤其是到了晚年，在总结自己人生的时候，我很感慨：我如果不回国，可能会在学术上有更大的成就，但最多是一个二等公民身份的科学家，绝不会有这样幸福。而我现在所做的一切，都和祖国紧紧地联系在一起。"

23 "幼稚病"带来的伤痛

1950 年夏天，经历了一个月之久的海上漂泊，程开甲踏上祖国的热土。"游子归家"的感觉，让他百感交集！

要知道，几小时前，程开甲揣着的还是一张无国籍证明。这是因为，国民党政府垮台后，在英国的中国人原来证明自己身份的护照已经失效。程开甲过英国海关时，英方人员确认他是"去杭州，而不是台湾"后，发给他一张无国籍证明。程开甲虽然满怀委屈，但为了尽早回到祖国，不得不暂且收着这纸证明。汽笛一声长鸣，轮船进入中国领海。程开甲迫不及待地跑到甲板上，掏出那张证明，撕得粉碎，扔进大海。

东汉史学家班固说："爱国如饥渴。"就是这种生生不息的爱国情怀，使许多像程开甲这样的海外学子，在 20 世纪 50 年代，自愿放弃国外优厚的物质待遇，义无反顾地回到贫穷、落后的祖国。

回到杭州，程开甲直奔母校浙江大学。母校伸出热情的臂膀欢迎他，并安排他在物理系任副教授。

程开甲自然不会忘记拜访昔日恩师束星北。当看到自己心爱的学生一副标准的绅士模样，对自己行了一个深深的鞠躬礼，束星北的眼睛湿润了，声音也有些哽咽。4 年中，他们是多么地思念对方！那一天，他们谈了许多，想到又要一起生活、一起工作，彼此都十分激动。

作为从旧社会走过来的知识分子，程开甲虽然满怀爱国热情，但对社会形态的巨大变化还缺乏理性认识，加上在国外生活了4年，政治上不免有些幼稚。他正满腔热情准备投入工作，政治上的"幼稚病"却让他与束星北之间的友谊中断。

那是1951年的秋天。为适应文化教育改革和即将开始的大规模经济建设的需要，中共中央决定在高等、中等学校的教师中相继开展思想改造运动。

有一天，一位领导把程开甲叫到办公室，严肃地对他说："在这次思想改造运动中，你是一个思想进步较大的同志，但束星北可就不同了。他是我们的朋友还是我们的敌人，现在还说不清楚。你不能像过去那样同他亲近。"

离开领导的办公室，程开甲的心情很复杂，眼前反复浮现的，是束星北早已在他心中树立的高大形象。这可能吗？束先生是那样的才华横溢，那样的爱国，那样的刚直不阿！ 1936年，浙江大学闹学潮。他支持进步学生，还被解聘过。抗战中，他随浙江大学一起流亡，后来还帮助军方研制防空雷达，为抗日战争立下了功劳。1947年，浙江大学学生自治会主席于子三遭国民党当局杀害。为抗议这一暴行，经他倡议，浙江大学教授会通过决议，罢教一天，有力地支援了学生们的民主斗争。而对自己，束先生更是精心栽培和爱护。现在要与他划清界限，这如何接受？可是，组织上会有错吗？回宿舍的路上，程开甲内心的矛盾和冲突达到了顶点。

没多久，思想改造运动向深处发展，"交锋"开始了。程开甲从保护束星北的角度出发，想把大事化小。

在一次"交锋会"上，他以自己的方式"批判"了束星北的"旧思想":霸气，脾气不好，不能广泛地团结同志。

来自别人的批判，束星北并不感到意外，因为平日里，他的清高的确得罪了不少人。但自己心爱的学生程开甲也站起来发言，性格倔强的束星北毫无心理准备，无法理解程开甲的良苦用心。在他看来，程开甲的行为就是"大逆不道"。这次会议之后，他不再理睬程开甲。看到自己的做法对恩师造成了伤害，程开甲的内心时时作痛，但在当时的政治气候下，要对自己的行为作出合理的解释，他感到又是那样艰难。1952年，全国高等院校院系大调整，程开甲被调整到南京大学，束星北则被分配到山东大学。从此，师生二人天各一方。程开甲永远失去了与恩师和解的机会。

与束星北之间友谊的中断，给程开甲的人生留下了不尽的遗憾。这个由政治上的"幼稚病"造成的伤痛，伴随着他一直走到晚年。程开甲曾说："在我的一生中，有两桩憾事：一桩是轻易放弃对《弱相互作用需要205个质子质量的介子》的研究，造成了学术上的遗憾；另一桩是未能在束先生的有生之年，当面恳请他原谅，造成感情上的遗憾。"

24 拒领二级教授薪金

1952 年，中国高等院校院系大调整，程开甲没有丝毫犹豫，服从组织安排，来到南京大学物理系。

南京是中国七大古都之一，山、水、城、林，相映成趣，景色壮丽秀美，有"江南佳丽地，金陵帝王州"的美誉。很快，程开甲就喜欢上了这里的文化。

当时，南京大学教授很少，学校认定他为归国高级知识分子，定级为二级教授。但程开甲在填写表格时，执意不要二级教授的薪金，只肯领三级教授的薪金。他说："国家还在进行抗美援朝战争，我现在的这份薪金够用了。"

待遇，程开甲"让"；但工作，程开甲"要"。

把家草草安顿后，程开甲来到了物理系党总支书记王承志的办公室，主动请缨，让党组织给他分配任务。当时，南京大学新的物理系刚刚组建，党组织也正在考虑人员的调配使用。虽然从各个高校调整过来的教师不少，但人员的情况较为复杂，彼此互不知底。程开甲主动站出来为党组织分忧解难，这在高级知识分子群体中作出了很好的榜样。

新中国成立初期，学习苏联的经验，优先发展重工业。南京大学物理系决定开展金属物理研究，把初创任务交给施士元、程开甲两位教授。施士元是物理学家居里夫人的 3 个中国学生之一，民国时期就是中央大学物理系教授。程开甲本来是搞理论物理研究的，但为了国家建设的需要，自觉地将自己的研究方向由理论研究，转入理论与应用的结合研究，并率先在国内开展了系统的热力学内耗理论研究。

程开甲说："固体物理，属于理论研究。金属物理虽然与固体物理相关，但偏向应用，实际上是金相学、金属学等，与固体物理相去甚远。我是外行，但这是工作需要，只得硬着头皮上。不懂就学习，找专家学，到外单位去学。例如，我到南京工学院听高良润讲师的金属学课，一周两次，每堂课都去，一学期下来，收获很大。"

为了掌握金属的锻、压、加工等知识，程开甲利用暑假，带着年轻教师王业宁，来到沈阳的中国科学院金属研究所，向金属物理专家葛庭燧学习。在金属研究所，程开甲从最基础的东西学起，包括金属学、材料测试（测强度和硬度）、拉单晶（第一次拉出单晶），还学会了使用马福炉退火等等。通过学习，程开甲彻底弄清楚了金属材料的内涵。返校后，他们添置实验设备，建起了金属研究实验室。程开甲还亲自为物理系师生，讲授理论物理、统计物理、量子力学、固体物理、金属物理、场论等课程。1954 年，南京大学正式成立金属物理教研室。这是南京大学建成的第一个教研室，有示范作用。1959 年，程开甲出版了国内第一本《固体物理学》专著，成为全国高校通用教材。

正当程开甲的工作如火如荼开展起来的时候，1958 年，南京大学决定成立核物理教研室。这一新任务又落到了施士元、程开甲两位教授身上。程开甲再次服从组织安排，将已经走上正轨的金属物理教研室交给他人，与施士元一起又去开辟新领域——创建南京大学核物理专业。

组建核物理教研室的第一项工作，就是创造科研工作条件。程开甲带领几个年轻教师自己制作实验仪器，不分白天黑夜地干。终于，他们根据苏联学者发表的一篇论文，研制出一台双聚焦 β 谱仪，运用它测量一些元素的衰变能谱，获得成功。这是南京大学第一台核物理实验仪器。不久，他们又自己动手，研制出一台直线加速器。

1960 年，程开甲被任命为南京大学物理系副主任。为加快南京大学核物理专业的建设、发展，他向组织建议，派刘圣康等一批年轻教师，到北京的中国科学院原子能研究所实习两年。后来，刘圣康在程开甲的指点下，选择了中子这一研究方向，并在这一领域取得了较大的研究成果。在科学研究中，我们经常看到因为学术带头人离去，导致学科衰落的局面。但这种情况，没有在南京大学核物理教研室发生。1960 年，程开甲调离南京大学后，刘圣康、张杏奎、李正中、赖启基、姚乃国等一批年轻教师迅速成长，核物理教研室呈现出蓬勃生机。

25 奇妙"师生配"

　　程开甲是新中国成立后，南京大学党组织吸收入党的第一位高级知识分子。从 1952 年递交第一份入党申请书，到 1956 年被正式批准加入中国共产党，党组织培养、考察了他 4 年。这 4 年中，他一方面是专家，领导教学改革，给其他老师和学生开专业课；另一方面，是要求进步的培养对象，积极参加政治学习，听领导和党员讲政治课。1952 年，他听了南京大学党委书记、副校长孙叔平讲授的政治经济学，开始系统学习马克思主义的基本观点。后来，南京市委宣传部在南京大学开办马列主义学校，每周六下午，都有领导和苏联专家来讲授马列主义。这些政治教育，程开甲都参加了，还认真做笔记。他认为，掌握了辩证唯物主义和历史唯物主义的世界观、方法论，对开展科学研究大有帮助，特别是让他找到了认识量子力学、相对论等问题的正确方法。于是，他结合自己的科研工作，写了许多心得体会，并经常在系、教研组的辩证唯物论讨论会上发言。1956 年 1 月 14—20 日，中共中央召开关于知识分子问题的会议。周恩来在《关于知识分子问题的报告》中首次指出，知识分子已经成为我们国家各方面生活中的重要因素，他们中间的绝大部分已经是工人阶级的一部分。会后，南京大学党委贯彻落实党的知识分子政策，研究了程开甲的入党问题。1956 年 7 月，程开甲光荣地加入中国共产党，在南京大学的高级知识分子中产生了很好的示范作用。许多高知教师纷纷向党组织递交入党申请书。物理系教工党支部在一两年时间里，发展了10位知识分子党员。程开甲的入党介绍人，还在全国高校组织工作会议上介绍经验。

入党以后的程开甲，对自己的要求更严了，他一刻也没有忘记周恩来总理提出的继续进行自我改造的要求。党组织也一样，把他作为一名普通预备党员严格要求，每个月必须向党组织汇报思想。1956年，程开甲参加制订国家科学技术12年发展规划，3个月"关"在北京西郊宾馆。回到南京，他做的第一件事，就是去党小组组长家汇报思想。当年，程开甲所在的党小组组长是刘圣康，他是程开甲在南京大学招收的第一批研究生之一。刘圣康回忆说："那时，我与程先生是一种非常特殊的关系。组织上，我是党小组组长，他是预备党员。他必须经常向我汇报思想，我关心他政治上的进步。业务上，我是学生，他是我的导师。我必须经常向他汇报学习情况，他关心我学术上的进步。"程开甲和刘圣康，一生保持着纯洁的师生情、同志情。

26 名字进入国家"绝密档案"

　　20 世纪五六十年代，面对严峻的国际形势和帝国主义的核讹诈，中共中央和毛泽东审时度势，决策研制"两弹一星"。

　　1960 年盛夏的一天，古朴秀美的南京城已是一片葱郁。但程开甲无暇观赏窗外的景致，半蹲在地上，全神贯注地摆弄着实验室里的仪器设备。

　　"程教授，校长要你去他的办公室。"门外传来同事的声音。

　　"开甲同志，北京有一项重要的工作借调你去。你回家做些准备，明天就去报到。"程开甲一进门，南京大学校长郭影秋就开门见山地对他说，并从抽屉里拿出一张写有地址的纸条交给他。

　　不知道干什么，也不知道去多久。从郭影秋校长满脸严肃的表情中，程开甲判断任务很重要。

　　回到家，他让高耀珊简单地准备了几件衣服，第二天，就赶往北京。一下火车，他按照纸条上的地址，找到了那里，但那是一个搞煤炭的单位，没有人知道是怎么回事。问了一圈，又打了几个电话，他们让程开甲去城北郊外一个地方报到。

　　到了第二机械工业部第九研究所（核武器研究所），吴际霖副所长对他说："要你来，是搞原子弹的。与南京大学商调，南大不放，你先两边兼着。"至此，程开甲的任务谜团彻底揭开。后来，

第二机械工业部核武器研究所初创时期的办公楼

　　程开甲才知道，调他参加原子弹研制工作，是钱三强亲自点将、邓小平批准的。也是后来，程开甲才知道，南京大学不同意放他，与北京方面打起了"官司"。最后，是聂荣臻元帅亲自出马，给教育部部长、南京大学校长写信，问题才得到解决。

　　就这样，程开甲成为中国核武器研制队伍的一员。

　　程开甲到来时，核武器研究所的所长李觉将军还在继续"招兵买马"，行政副所长吴际霖、郭英会全力以赴协助他。而技术方面的事情，主要由核物理学家朱光亚、空气动力学家郭永怀两位技术副所长抓。程开甲到来后，被任命为核武器研究所技术副所长。3人中，朱光亚是技术总负责。

　　原子弹，是利用铀-235 或钚-239 等重原子核的裂变链式反应原理制成的裂变武器，能自持进行核裂变或聚变反应释放巨大的能量而产生爆炸，威力非常大。自 1945 年 8 月 6 日、9 日，美国人在日本广岛、长崎爆炸两颗原子弹之后，这个可怕的核怪物就一个一个地从实验室里跑了出来，成为有核国家扬威世界的工具。1949 年 8 月 29 日，苏联第一颗原子弹爆炸；1952 年 10 月 3 日，英国进行第一次原子弹试验；1952 年 10 月 31 日，美国进行第一次氢弹试验；1953 年 8 月 12 日，苏联进行第一次氢弹试验；1960 年 2 月 13 日，法国进行第一次原子弹试验……

中国搞原子弹，一开始就是在有核国家核讹诈背景下进行的。朝鲜战争期间，"联合国军"总司令麦克阿瑟就曾叫嚣要把原子弹投到中国的空军基地和其他敏感地点。美国参谋长联席会议还就可能使用原子弹的数量、目标地区，以及使用时间和运输方式提出了建议方案。毛泽东说："原子弹就是那么大的东西，没有那东西，人家就说你不算数。那么好吧，我们就搞一点吧！"

饱受战争灾难的中国需要和平，但赢得和平，需要有强大的国防做后盾。研制原子弹，引起了中国政治家和科学家们的强烈共鸣。

参加原子弹的研制工作，在当时是国家的最高机密。从此，程开甲隐姓埋名，在学术界销声匿迹。在长达 20 多年的时间里，他的人生字典只有六个字："创新""拼搏""奉献"。

27 饭堂闹笑话

常言道：万事开头难。中国研制原子弹初期所遇到的困难，是现在的人们无法想象的。对于原子弹这一军事绝密，当时的有核国家都采取了最严格的保密措施。美国科学家卢森堡夫妇因为泄露了一点儿秘密，被电刑处死；福克斯也因泄密被判14年监禁。即使在中苏关系的"蜜月期"，苏联对我们的戒备也很深。聂荣臻元帅和宋任穷部长去苏联参观，只被允许在厂房和车间外面，透过玻璃窗往里面瞧瞧，不让进去。苏联政府派来的顾问，绝大多数也是"不念经的哑巴和尚"。有一次，面对中国专家的提问，一位苏联顾问想念一点点"真经"，但苏联顾问团领导的一声咳嗽，就把他的话打断了。那个时候，我们得不到资料，买不来所需的仪器设备，完全靠自力更生、艰苦奋斗，自己闯出一条路来。

1960年，二机部多次发出指示，强调指出："我们的事业，完全由我们自己来干"，"必须抛弃一切依赖思想"，"自己研究，自己试验，自己设计，自己制造，自己装备"。

经过科学家们的论证，我国第一颗原子弹的最初探索工作，围绕着理论设计、爆轰物理、中子物理和放射化学、引爆控制系统、结构设计等几个方面进行。

根据核武器研究所领导的任务分工，程开甲分管材料状态方程的理论研究和爆轰物理研究两块。当时，理论研究室的主任是邓稼先。他们选定中子物理、流体物理和高温高压下的物质性质三个方面，作为原子弹理论设计的主攻方向。高温高压组胡思得、李茂生等几个年轻人，在求解高温高压下的材料状态方程时遇到了困难。

程开甲到来后，胡思得等人向他详细汇报了他们做过的工作，也讲到了利用托马斯—费米理论时的困惑。程开甲认真听取汇报，不时插话与他们讨论。他发现，这个小组的成员大部分没有学过固体物理，更没有学过托马斯—费米统计理论等知识。为了帮助大家掌握托马斯—费米理论及相关的修正，程开甲决定为他们系统授课，讲完托马斯—费米理论后，又追加固体物理的内容，带他们复习热力学、统计物理知识，手把手指导他们查阅国外文献资料。事实证明，磨刀没误砍柴工。程开甲授课后，高温高压组的攻关能力得到极大提高。

那段时间，程开甲没日没夜地思考和计算，满脑子装的除了公式，就是数据。有一次排队买饭，他把一张饭票递给打饭的师傅说："我给你这个数据，你验算一下。"弄得师傅莫名其妙。排在后面的邓稼先拍着程开甲的肩膀提醒说："程教授，这儿是饭堂。"

"喔。"程开甲答应着，似乎反应过来了。一会儿，邓稼先看到他刚往嘴里扒了两口饭，就把筷子倒过来，蘸着碗里的菜汤，在桌上写出一个公式。

经过半年的艰苦努力，程开甲终于采用合理的 TFD 模型，估算出原子弹爆炸时弹心的压力和温度，即引爆原子弹的冲击聚焦条件，为原子弹的总体力学设计提供了依据。

负责原子弹结构设计的郭永怀拿到结果后，高兴地对他说："老程，你的高压状态方程可帮我们解决了一个大难题啊！"

　　难题解决了，但程开甲病倒了。1960 年冬天，领导不得不让他停止手头的工作，强迫他回到南京的家中养病。但他人在南京，心在北京。为了早日康复，他向魏荣爵教授学打太极拳、练气功，并下决心戒烟，坚持每天散步。经过一段时间休养，1961 年春节一过，程开甲就重返岗位，精神抖擞地投入新战斗！

28 那碗红烧肉

　　我国第一颗原子弹研制攻关期间，正值 1959—1961 年"三年困难时期"。当时，全国各地灾害严重，到处粮食短缺，有的地方还饿死了人。这一灾难，同样波及核武器研究所，食品供应不足，电力供应不足。程开甲他们不得不经常在夜里点着油灯、忍着饥饿工作。有时实在是饿了、累了，或者喝口水充饥，或者歪在沙发上休息一会儿。钱三强看到这些，鼓励大家咬牙坚持，克服困难。他说："中国已经改朝换代了，尊严和骨气再也不是埋在地层深处的矿物！"

　　科学家们的言行，让周恩来深感震撼。他和聂荣臻商量后，分别以个人名义给有关省区市、各大军区的负责同志打电话，向他们募捐，请求他们向核武器研究所的科技人员支援副食品。各地区、各大军区在自身也非常困难的情况下，慷慨解囊，紧急调拨了一批粮食和生活用品。北京军区组织战士打了一些黄羊，拿出一部分送给科技人员。核武器研究所负责接收和分发这批物资的行政与后勤人员，从领导到战士，看着这些诱人的食物，没有一个人拿一点回家、吃一口充饥。党和国家领导人对科学家们的关怀，让大家很感动。有人领到食物时，当场就流泪了。

　　1962 年春节前，周恩来在北京人民大会堂专门设宴招待科技人员，桌上有一大碗红烧肉，香喷喷的。正是那碗红烧肉，让程开甲终身不忘，念叨了一辈子。要知道，在那段困难的日子里，毛泽东和周恩来为了与全国人民一起共渡难关，也都节衣缩食，不再吃肉了。一大碗红烧肉，在当时不但珍贵无比，而且承载着党和国家领导人对科学家们的厚爱、信任与重托！程开甲至今仍然清晰地记得陈毅对他们说的一句话："我这个外交部长，现在腰杆还不太硬。你们把导弹、原子弹搞出来了，我的腰杆子就硬了！"

29 "面对'两年规划'，我没有任何选择"

疾风识劲草，岁寒知松柏。

1962 年，在王淦昌、朱光亚、郭永怀、彭桓武、邓稼先、程开甲、陈能宽等专家的技术指导下，在科学家和技术人员孜孜不倦的探索中，经过自力更生和艰苦奋斗，我国的原子弹研究事业终于闯过无数道技术难关，见到了希望的曙光。到了下半年，原子弹的理论设计、结构设计、工艺设计都已陆续展开，实现原子弹爆炸的一些关键技术也开始被突破和掌握。科学家们对于夺取胜利，信心倍增。

1962 年 9 月 11 日，二机部党组向中共中央并毛泽东写报告，提出争取在 1964 年，最迟在 1965 年上半年爆炸我国第一颗原子弹的奋斗目标，被称为"两年规划"。这个"两年规划"，实际上是科学家们向中共中央立下的"军令状"。

毛泽东批示："很好，照办。要大力协同做好这件工作。"

"两年规划"得到中央批准的消息传到核武器研究所，办公楼里一片欢腾。在深受鼓舞的同时，科学家们也倍感压力巨大。两年，仅仅只有两年，他们不但要把刚刚露出一些曙光的原子弹研制出来，而且还要把它"爆响"。这里会有多少困难，领导心中有数，程开甲他们也心知肚明。

为了加速核武器事业的进程，还在"两年规划"上报之前的1962年夏，钱三强等二机部领导就作出决定，兵分两路：一班人马，继续进行原子弹的研制攻关；另外组织一班人马，提前进行爆响阶段的技术攻关，也就是准备做中国第一颗原子弹爆炸试验。

那么，谁去开辟新战场、组建新队伍，牵头中国第一颗原子弹爆炸试验呢？

排兵布阵，是核试验成败的关键。

钱三强最大的特点是知人善用。他熟悉手下的每一位科学家，知道什么样的任务放在哪位科学家肩上最合适。关键时刻，程开甲又一次进入钱三强的视线。

据《钱三强年谱》记载：

1960年3月：根据形势发展需要和领导意图，及时向二机部推荐南京大学核物理教研室教授程开甲，并经批准调其到北京担任核武器研究所技术副所长。

1962年初秋：根据聂荣臻和张爱萍的委托，钱三强负责就核试验问题提出方案。他首先推荐由程开甲牵头负责其中的有关技术问题。

当时，有人听说钱三强的推荐人选是程开甲，好心地把消息转告他，并建议他去找领导谈一谈。这是因为，程开甲是理论物理学家，他的长项在理论研究方面。

程开甲说："我很清楚自己的优势是理论研究，放弃自己熟悉的，前方的路会更加曲折、艰难，但'两年规划'的紧迫性，我也很清楚。面对祖国的需要，除了服从，我没有任何选择。"

科研人员进入被称为"死亡之海"的新疆罗布泊

就这样，程开甲又一次为了国家的需求，改变自己的专业方向，转入一个全新的研究领域——核试验技术。为了核试验，他进入被称为"死亡之海"的新疆罗布泊，在那里工作了20多年。

20多年的"罗布泊时间"里，程开甲感悟人生，留下了深刻总结："常有人问我对自身价值和追求的看法，我说，我的目标是一切为了祖国的需要，人生的价值在于贡献是我的信念。回国后，我一次又一次地改变我的工作，我一再从零开始创业，但我一直很愉快，因为这是祖国的需要。"

30 创建核试验技术研究所

1962 年 10 月 16 日下午，在国防科委大楼里，国防科委副主任张爱萍与二机部副部长钱三强一起，召开了一个十分重要的工作会议。

钱三强说，原子弹试验是一项十分复杂的、集多学科于一体的高科技试验。仅核试验靶场的技术项目就很多，需要有很强的技术队伍，并立即着手开展研究。

张爱萍说，可以成立一个独立机构，来专门从事核试验靶场技术工作的研究，请钱三强同志提出一个方案并推荐专家。

钱三强胸有成竹，立即把深思熟虑、早已选定的程开甲，推荐给张爱萍。

同年 12 月 30 日，总参谋部发文，决定组建核试验技术研究所，隶属于核试验基地建制。

就这样，担任二机部核武器研究所副所长的程开甲，奉命组建核试验技术研究所，并担任副所长。从此，开始了他与中国核试验的不解之缘。

核试验技术研究所应该是个什么样子、它的性质是什么、它的规模该多大、它的组织架构应该根据什么原则来确定……这一切，大家当时都不清晰，需要程开甲根据我国核试验的技术需求，进行超前谋划与设计。

关键时刻，渊博的学识、创新的思维，帮助程开甲厘清了研究所的筹建思路。

有人说，核试验技术研究所，只要按照核试验基地技术部的模式，组建一支有能力完成任务的专业队伍就可以了。但程开甲坚定地认为，核试验是一门特殊的科学。我们要组建的不是技术部，必须看得更远，要组建一个有强大研究能力、能适应核武器未来发展需要的核试验技术研究单位。

他坚持认为，核试验技术研究所必须建设配套的学科和相应的研究室，各相关学科要配备学科带头人并培养新生力量；有关专业不但能够完成核试验任务，还必须深入掌握该专业的理论和试验技术；各个研究室必须建立必要的试验设备；研究所必须配齐理论计算和文献资料条件；等等。

很快，程开甲根据当时的任务需求与未来的发展趋势，设计出了研究所涉及学科专业和组织结构的基本框架。研究所下设1部、5处、5个研究室。1部，就是政治部；5处，即科技处、管理处、技保处、器材处、资料处；5个研究室，分别是冲击波研究室、光测量研究室、核测量研究室、自动控制与电子学研究室、理论计算研究室。之后，为开展地下方式的核试验，又增设了地质水文研究室。因为理论分析计算研究在研究所的龙头作用，程开甲从1963年至1970年，一直亲自兼任理论计算研究室的主任。

实践证明，核试验技术研究所的最初设置，完全符合核试验任务的需要，是科学、合理的。后来，除拆分出放化分析研究室外，最初设置的这个体制，一直延续了20多年。后来，大家只要谈起研究所的历史与成就，无不钦佩程开甲的战略思维和前瞻眼光。

核试验技术研究所初创阶段的办公楼，位于北京通县

完成了研究所的组织结构与学科专业设计后，程开甲又去盯"人"的选调问题。

不久，哈尔滨工业大学的孙瑞蕃和北京航空学院的董寿莘调来了。搞理论计算专业的乔登江、放射化学专业的杨裕生、力学专业的王茹芝、光学专业的赵焕卿、电子专业的龙文澄、机械专业的傅鑅阳、地下核试验相关专业的丁浩然，以及核物理专业的钱绍钧等24名技术骨干，也都调来了。他们每个人，都是由程开甲提出专业要求和条件，经邓小平批准，从全国、全军选拔来的。这些重要的专业骨干，被安排到各级技术领导岗位，成为程开甲建设研究所的重要依托。

1963年春，经协调，解放军军事工程学院（即"哈军工"）的一批大学生提前毕业，加入核试验研究队伍。夏天，又有全国各重点大学的 100 多名学生分配到这里。他们都是程开甲心中的"宝贝",也是建设研究所最可宝贵的人力资源。

1963 年 7 月 12 日,核试验技术研究所在国防科委礼堂举行成立大会。聂荣臻、张爱萍、刘西尧等领导出席,期望殷殷。

程开甲在晚年感慨地说:"核试验技术研究所的历史,是一个创新的历史。研究所的体制本身,实际上也是一个成功的创新。"

31 空爆？还是塔爆？

1962 年 10 月，程开甲正式成为中国第一颗原子弹爆炸试验的最高技术负责人。

接受新任务后，程开甲来到国防科委找张爱萍，开门见山就说："请给我调人，我马上投入工作。"

看到程开甲着急的样子，性格爽朗的张爱萍回答说："马上投入工作很好。不过，要房子暂时没有，仪器无法马上买到，机构在短时间内也难健全，但研究工作要立即开始。"

所以，一段时间里，程开甲只是一名"光杆司令"。他一个人思考着中国第一颗原子弹爆响的重大问题。

11 月初，吕敏、陆祖荫和忻贤杰三人调来了，程开甲终于有了自己的小团队。4 个人挤在程开甲在核武器研究所的办公室里，昼夜攻关。

最初，他们工作的主要难点是，不知道核爆炸的具体过程。仅有的信息，只是之前苏联专家的片段谈话和 1958 年美国洛斯阿拉莫斯国家实验室公开出版的《爆炸波》一书。苏联专家撤走时，有人扬言："就是给你们一颗原子弹，你们也弄不响。"

程开甲不信这个邪。他反复研究国外的这些资料后，对我国第一颗原子弹的试验方式有了自己独立的思考。讨论中，他首先发言：

有核国家都是先进行大气层核试验的，因为它易于实现，便于获取有关冲击波、光辐射、核辐射等方面的试验资料，可以得到爆炸造成的各种杀伤破坏效应，并便于进行大当量试验。大气层核试验多数在30公里以下的空中和地（水）面进行。核装置可采用飞机或火箭运载、气球吊升等方法送到预定高度，也可置于铁塔或地（水）面上。我国第一颗原子弹到底采取何种方式？我们一定要根据我们的实际情况来定。大家可以突破条条框框，充分发表意见。

经程开甲指导与鼓励，吕敏、陆祖荫、忻贤杰三人纷纷开动脑筋、各抒己见。程开甲边听，边整理着自己的思路。

事实上，程开甲早就开展了大量分析、研究，认为中国第一颗原子弹爆炸试验采取空爆的方式是不妥的。

理由是：（1）第一次就用空投方式，在测试与起爆同步以及落点的瞄准上有很大的困难，不易确保原子弹爆炸的数据测量；（2）以空投方式进行爆炸试验时，投弹飞机安全返航还没有把握；（3）空投方式的保密性也存在问题。一句话，如果选择空爆方式，就很难达到中央提出的"万无一失"的要求。

经过大家认真的分析研究，我国第一颗原子弹爆炸试验不采取空投方式的理由已经很充分了，那么，新的爆炸方式又是什么呢？

最后，程开甲提出采用静态方式，将原子弹放在铁塔上进行爆炸试验。之后，他们又根据原子弹的设计参数，论证、计算出百米高铁塔的方案。

在测控方面，考虑到保密性和可靠性，他们提出铺设电缆进行遥控、遥测的有线测控方案，而不采用无线测控系统。

听说程开甲建议中国第一颗原子弹爆炸试验采用塔爆方式，当时许多人有顾虑。工程兵司令员陈士榘为此还专门派了一位中校参谋，向程开甲转达他的慎重提醒：苏联专家明确说过，要采用空爆。

但程开甲坚信自己的研究结论，不为干扰所动。1962年11月26日，他主持起草了《关于第一种试验性产品国家试验的研究工作纲要（草案）》，明确提出我国第一颗原子弹采用静态试验方式，将核装置放在百米高的铁塔上进行爆炸试验的意见。配合这个技术方案，他们同时提出了《急需安排的研究课题》，共计45个研究项目、96个科研课题。

上述两个文件被迅速送到钱三强手里。夜已经很深了，钱三强还在逐字逐句地审查着这两个绝密文件。遇到不放心之处，他就拿出计算尺亲自动手计算。当确信无误后，钱三强才放心地签上自己的意见，并转报国防科委。

12月20日，在张爱萍主持召开的国防科委办公会议上，领导和专家再次对程开甲他们提出的《纲要（草案）》进行审查。经过严格和缜密的论证，这一纲要被批准！这是一个解放思想、充满创新的研究成果，也是一个破除迷信、独立自主的研究成果。

采用百米高塔爆炸方式的重大决策，为我国第一颗原子弹爆炸试验圆满成功奠定了坚实基础！

32 各地厂、所轮番"轰炸"西直门

程开甲主持研究的工作方案被批准后，中国第一颗原子弹爆炸试验的准备工作，进入倒计时状态！

北京西直门大街 134 号，原总参谋部招待所一座两层小楼，是核试验技术研究所的临时办公场所。在这里，程开甲和 5 个研究室的技术骨干们，一个一个抓方案落实，组织指挥了一场科研、生产全国大会战。

45 个研究项目、96 个科研课题展开后，涉及北京、上海、天津、西安、长春、哈尔滨、石家庄等 14 个城市的 40 多个科研院所、几百个型号设备的生产厂家。

那阵子，程开甲扮演着技术总负责、工程总指挥和进度总监工等多种角色。研究单位遇到技术难点，他要出面研究；生产厂家遇到困难，他要出面解决；哪个单位没有按照进度表的节点完成任务，他要出面监工。

程开甲深知自己肩负的责任重于泰山。晚上，他伏案工作到深夜，谋划全局；白天，他参加各种类型的专业研讨会，向从全国各地赶来的研制单位交代课题标准和产品要求。一个月内，他参加的会议近 200 个。

每接待一个单位，每召开一次会议，程开甲都要重复这段话：

"1963年12月，记住这个时间！一切任务都必须在这之前完成，没有任何价钱可讲。遇到什么困难，可以找我，但期限不可更改。"

看着西直门迎来送往的热闹场面和程开甲每天忙碌的身影，国防科委二局局长胡若嘏，将这种景观形象地比喻为："各地厂、所轮番'轰炸'西直门。"

布阵完成后，程开甲将工作重心调整到两个点位：工作进度和关键技术。不到两年的时间里，他走遍了全国几十个科研院所和各军兵种的科研单位。走到哪里，他就把时间的紧迫感带到哪里，把工作精益求精的要求带到哪里，把充分的理解和信任带到哪里。

有人说，程开甲"很牛"。一些问题，抓工作的人还没有遇到，他就预先提醒了；一些计算，别人要反复求证，他看一眼就能估算出结果。

也有人说，程开甲"很神"。你遇到挫折时，只要与他交谈一次，又会重新鼓起勇气，找到力量。程开甲经常给大家加油说："搞原子弹，是个开天辟地的大事业。如果不努力地去干、去攻关，你一定后悔一辈子。"

经过一年多的全国大会战、大攻关，在我国第一颗原子弹爆炸试验"零"时到来前，程开甲组织指挥的研究项目全部圆满完成，向党和国家献上了3份厚礼：有高度预见性和创造性的、切实可行的试验方案。有定量分析的核爆炸效应图像。独立自主研制的、性能稳定可靠的1700多台（套）测试、取样、控制仪器设备。

33 罗布泊定爆心

　　罗布泊，原本是一片汪洋大海，在成为中国核试验场区之前，这里几乎没有生命的踪迹。晋代高僧法显在《佛国记》中说："上无飞鸟，下无走兽，遍望极目……唯以死人枯骨为标识耳。"《马可·波罗游记》中也提到，这里"飞禽绝迹"。19世纪末，瑞典探险家斯文·赫定来到大漠的边缘后，惊呼道："可怕！这里不是生物所能插足的地方，而是死亡的大海、可怕的死亡之海！"

飞禽绝迹的新疆罗布泊

　　然而，中国核试验事业的开拓者们，选择了这个被称为"死亡之海"的地方，建设中国核试验基地。张蕴钰司令员带领最早一批建设者，在这里扬起生命的风帆，秘密施工，为祖国架设分娩核盾牌的"产床"。

　　建设者们在罗布泊西北面博斯腾湖岸边一片开满马兰花的地方住下来，用那双原本紧握钢枪的双手拉起石磙，拽着它们一步一移地开辟出一条公路，并修建了简易的马兰机场。

　　"马兰"这个名字是张蕴钰起的。当时给试验场区制定规划蓝图时，正值马兰花盛开。张蕴钰就提议给办公、生活区取名"马兰"，象征着部队广大官兵像马兰草那样具有顽强的生命力，在荒漠上扎根、开花、结果……这个提议赢得了大家的一致赞同。就这样，中国核试验基地有了一个美丽的名字——"马兰"。

　　1963 年夏天，在程开甲的组织指挥下，中国第一颗原子弹爆炸试验的理论准备、技术准备已经基本就绪。于是，他决定去罗布泊实地考察，与核试验基地的同志一道，把原子弹爆心的位置以及工程施工中的一系列技术问题敲定下来。

　　程开甲要通张爱萍的电话，汇报了自己的想法。几天之后，张爱萍从兰州打来电话，让程开甲去兰州与他会合，然后一同去罗布泊。

　　听说有专家要来、专机将降落在马兰机场的消息，核试验基地的建设者们十分兴奋。这是马兰机场迎接的最早一批客人。

　　程开甲一行二三十人，乘伊尔-14 飞机，从北京出发，经西安去兰州。当时的飞机很简陋。从西安起飞后不久，程开甲发现飞机的一个螺旋桨不转了，他把情况告诉了坐在旁边的吕敏。但飞机上没有乘务员，有疑问也没处反映。过了一会儿，飞机返回西安机场，果然是发动机出了故障。飞机上除程开甲、吕敏外，还有国防科委副秘书长张震寰、工程兵参谋长谭善和，以及核试验技术研究所的龙文澄等各级领导、技术骨干二三十人。假如这一行人发生意外，对中国第一颗原子弹爆炸试验来说，后果将不堪设想，所幸有惊无险。

第二天，他们改乘另一架飞机飞往兰州，与张爱萍会合。第三天中午，飞机抵达马兰机场。

张爱萍、张震寰、程开甲等人走下舷梯，基地负责人张蕴钰、张志善早已等候在那里。他们没有休息，直奔场区。

为了节省往返的时间，程开甲等人第一天晚上就住在孔雀河边的帐篷里，喝孔雀河的河水。随后的几天里，他们考察到哪里，就住在哪里，吃干粮、点油灯、打地铺。当然，也吃到了以前从来没有吃过的甜甜的哈密瓜。吃完瓜后，按照当地人的习惯，他们把瓜皮倒扣在地上，以备后来人缺水时救命用。

在四五天的考察过程中，程开甲是最忙碌的一个。因为定爆心、定工号、定布局等一切重大决定，张爱萍要听取他的意见；有关工程技术问题，也要他一锤定音。

张蕴钰这位参加过淮海战役、渡江战役、上甘岭战役的指挥员，更是表达了对程开甲的绝对信任和坚定支持。第一次见面，张蕴钰就对程开甲说："原子弹响不响，是你的事；其他的，都是我的事。"

夜深了，考察组的其他同志都已休息，唯有程开甲夜不能寐。他知道，这时的每一个决定都将影响到试验的成功，一切必须考虑周全、万无一失。

最后，考察组把爆心的位置，选定在一个地质条件好，离公路较近，便于铁塔运输、安装的地方。

爆心位置确定后，他们又把启动原子弹爆炸和各类仪器设备的主控站和分控站，各测量站、照相站，以及各军兵种效应试验工程的布局，一一确定下来。

罗布泊之行，程开甲最大的收获是：坚定了对中国第一颗原子弹爆炸试验采取塔爆方式的选择。特别是通过对爆心定点和测试点的布局，他对塔爆试验的成功更有把握。

1964年6月26日，一座高102米的铁塔，在罗布泊拔地而起。它是戈壁滩上最高大、最耀眼的目标，也是最鼓舞人心的目标。它的耸立激励着马兰人只争朝夕，去迎接那个伟大的历史瞬间！

中国第一颗原子弹爆炸试验铁塔

34 东方巨响

1964 年 8 月 23 日，根据中央专门委员会的指示，核试验场区正式成立中国首次核试验党委及首次核试验委员会。核试验党委，由 34 人组成，书记张爱萍，副书记刘西尧，程开甲等 12 人为常委；核试验委员会，由 68 人组成，主任委员张爱萍，程开甲等 9 人为副主任委员。

9 月 23 日，周恩来召集中央专委会委员贺龙、张爱萍、刘杰、刘西尧等人开会，就中国首次核试验作出部署。为绝对保密，周恩来宣布了一条严格纪律："凡和试验无关的人员，都不能让他们知道，包括你们的妻子儿女"，并说："我的老伴（邓颖超）是老党员，又是中央委员，我保证不对她讲"。

10 月 14 日下午，程开甲接到通知，马上去石头房子参加紧急会议。

石头房子是张爱萍、刘西尧的宿舍兼办公室，它是核试验场区唯一的"高级建筑"。场区一望无际，到处是帐篷。帐篷是宿舍，也是办公室。当程开甲赶到石头房子时，核试验委员会的主要成员都到了，静静地等候张爱萍宣布中央专门委员会的重大决定和命令。

张爱萍宣布：爆炸"零"时定于 1964 年 10 月 16 日 15 时。

1964 年 10 月 14 日 19 时 20 分，中国首颗原子弹被平稳地吊上塔顶。

10 月 15 日晚上，程开甲彻夜未眠。作为核试验基地的最高技术负责人，从原子弹被吊上塔顶开始，他的心就好像悬在半空中。核试验是不可逆的一次性试验，要求大部分测试仪器必须在自控状态下，在爆炸"零"时到来时开机工作，并准确无误地拿到所需数据。虽然全部调试工作已经反复演练过，仪器设备也不知查了多少遍，但他还是放心不下。那一夜，核试验场区的帐篷内出奇的安静，一点儿也听不到以往熟悉的呼噜声。

10 月 16 日，天刚亮，程开甲就披衣起床，走出帐篷，观测天气。这是因为，他还必须考虑核爆炸后，高空风影响放射性尘埃的走向等一系列复杂、敏感的问题。看到碧空如洗，他的心情轻松了许多。

10 月 16 日上午，程开甲在主控站就位。午饭是在主控站吃的。食堂的师傅精心给他们做了香喷喷的包子，但谁都不知道它们的味道。

"两小时准备！""一小时准备！""半小时准备！"随着口令的一次次下达，主控站里的气氛越来越紧张。

"14 时 50 分！"张震寰在主控站发出一道口令。50 秒后，仪器设备进入自动化程序。"10、9、8、7、6……"的读秒声中，大家屏住呼吸。当数完"1"时，一声令下："起爆！"

随着一声爆响，蘑菇云的烟云冲上云霄。坐镇孔雀河畔指挥所的张爱萍，看见蘑菇云腾空而起，立即要通周恩来的电话，激动地报告："我们成功啦！原子弹爆炸成功啦！"

周恩来沉默了一会儿，问："是不是真的核爆炸？"

周恩来的这个问题让张爱萍措手不及，他随即问身边的王淦昌。王淦昌回答："应该是的。"

尽管在场的专家都认为是核爆炸，但一时都无法提供准确的科学证据。

"报告！""报告！"……

很快，核武器技术研究所的技术人员从各个测试点迅速跑来，把他们获取的各种数据汇集到程开甲手里。

最开始，远区提供的压力测量给出5000吨梯恩梯的爆炸当量。在场的人都"闷"过去了，谁也不说话。这与设计值相差实在太远！

一会儿，高万余拿着

中国第一颗原子弹爆炸试验的烟云

他们测到的冲击波正压作用时间过来了。程开甲根据速报数据，立即估算出爆炸当量为2万吨梯恩梯，并指出，近区的冲击波正压作用时间的测量值是可靠的，因为它不受气象条件的影响。远区的压力测量是受气象条件影响的，所以，不能准确地给出当量值。听到程开甲估算出2万吨梯恩梯爆炸当量，大家才松了口气。然后，张爱萍向周恩来报告了这一结果。

随后，程开甲等专家又对各类测试数据进行综合分析，写出了一份详细的文字报告，由张爱萍和刘西尧签发，于 10 月 16 日 17 时 50 分报给在北京的刘杰，由他向周恩来报告。

这份报告说，这次爆炸确是原子弹爆炸，理由是：

（1）爆炸后，烟云上升到 8—9 公里的高度。

（2）空中剂量侦察、地面剂量测量都证实，烟云放射性和地面放射性的剂量都相当大。

（3）火球发光时间在 3 秒钟以上。

（4）爆炸后，铁塔已完全消失（当时观察不到）。

（5）冲击波的超压在 23 公里处尚记录到，近处 5000 米的一些探头被打坏。

中国第一颗原子弹爆炸试验的爆心

（6）从烟云的外观上看，与一般文献所报道的外观相同。

……

1964 年 10 月 16 日当晚，周恩来在北京人民大会堂郑重地向外界宣布："在我国西部地区爆炸了一颗原子弹，中国成功地进行了第一次核试验！"

中国第一颗原子弹爆炸成功的消息迅速传遍祖国各地，大江南北一片欢腾。核试验场区更是一片狂欢的景象。10 月 16 日晚上，张爱萍在戈壁滩上主持了一个上千人的庆功宴会，宴会地点设在帐篷外。

席间，空军副司令员成钧向程开甲走来，手里端着一大碗茅台酒递给他，足有半斤。平时不喝酒的程开甲，开心地接过这碗酒，与成钧干了个碗底朝天。一会儿，张蕴钰也过来了。他已经喝得有些微醉，摇晃着程开甲的肩膀，反复地说着同一句话："程教授，这一回，你是张飞的胡子——满脸，满脸呀！"

35 戈壁滩上"木兰村"

　　在核试验场区东北角，有一个"木兰村"。这里住着核试验技术研究所里的 34 位姑娘，她们是一群刚毕业分配到研究所工作的、风华正茂的大学生。

　　进场区前，组织上考虑到戈壁滩环境艰苦，准备将她们留在后方。但她们说什么也不答应，有的哭鼻子，有的软磨硬泡，单个申请不成，就联合集体"上访"。最后，领导拗不过她们，事实上，程开甲负责的试验工作也需要她们，于是批准了她们的请求。

　　进场区后，她们在营区的东北角搭起帐篷安家，围成了一个小"四合院"。工作时间，她们和男同志一样，天天奔忙在试验场上，顶烈日、战风沙、喝苦水、走"搓板路"。休息时间，她们还要帮助男同志干一些缝缝补补、洗洗涮涮的活儿，被战友们亲切地称为"核大姐"。

　　张爱萍听说了她们的故事后，十分感动。有一天，他来到这里看望大家。随行的张震寰问姑娘们："生活苦不苦？"

　　"不苦！"

　　"喝的水苦不苦？"

　　姑娘们都笑了起来："有点儿苦。"

　　当时，场区喝的水是从几十公里外的孔雀河取来的。孔雀河，

科研人员在戈壁滩上战风沙

听着是一个很美丽的名字，但水又苦又咸又涩，而且富含氯化镁。喝水就像吃泻药，喝完以后，大部分人会拉肚子。但就是这样的水也很珍贵，半脸盆水，早上洗脸，中午洗手，晚上洗脚，用了一天后，澄清了还要洗衣服。

张爱萍问姑娘们："你们这里有没有名字啊？"

"没有。"

张爱萍说："当年，花木兰出塞替父从军，立下战功。如今，你们也出塞，为祖国的核事业奋战戈壁。我看，这里就叫'木兰村'吧。"

"好，就叫'木兰村'！"姑娘们欢呼起来。

第二天，一块木牌便竖在了姑娘们的帐篷前，上面写着"木兰村"三个字。

50多年来，"木兰村"里姑娘们的事迹一直被传诵着。青丝化作西行雪，深情铸成边关恋。她们当中，有的一辈子扎根戈壁大漠，献了青春献子孙；有的因无暇顾及个人情感问题，到50多岁才结婚。有一位叫姚姣卿的"核大姐"一直没有结婚，把自己全部的时间、全部的爱，都献给了中国的核试验事业。

36 "夫妻树"

　　中国核试验基地生活区——马兰的东侧，有一条十几公里长的榆树沟。当年，这里生长着数以千计的参天古榆，其中有一棵古榆树，叫"夫妻树"。

　　这是一个真实、感人的故事。故事的主人公，是"木兰村"第一任"村长"王茹芝。

　　王茹芝是程开甲在 1963 年从全国各地选调来的 24 位技术骨干之一。之前，王茹芝是工程兵科研三所的副所长。她来到核试验技术研究所以后，被任命为一室主任，在中国第一次核试验中，牵头一个项目的研究任务。

　　当时，到罗布泊参加核试验，是一项绝密工作，不能对同事说，不能给父母讲，就连爱人和儿女也不能谈。于是，王茹芝在出发前编了一个理由，对丈夫张相麟说："我到外地出趟差……"就这样，她瞒着家人，来到了罗布泊。

　　一天清晨，王茹芝在一棵老榆树下等开往场区的车，突然看到一名男军人扛着一个大大的器材箱，远远地朝这边走来。王茹芝怎么看，都觉得那名男军人像张相麟，但她不相信这是真的。等男军人走到她跟前时，四目相对，王茹芝立即认出对方就是张相麟，不由得猛然一惊。很快，他们又平静下来，心照不宣地相视一笑。

科研人员和官兵将精密仪器运到中国核试验基地场区

　　原来，张相麟也是奉命随其他参试单位来罗布泊执行核试验任务的。由于严格遵守"上不告父母，下不示妻儿"的保密要求，他们各自隐瞒真情出发，来到了同一个目的地。

　　张爱萍听到张相麟、王茹芝夫妇的这个故事后，称赞他们是祖国的好儿女，并将这棵老榆树命名为"夫妻树"。

　　半个多世纪过去了，"夫妻树"仍然郁郁葱葱，见证着一代又一代戈壁滩人对祖国的无比热爱、对党的无限忠诚。

37 安全问题，程开甲负责

　　1964 年 10 月 16 日，中国第一颗原子弹在罗布泊上空爆响的消息震惊了全世界。10 月 23 日，距离那声巨响仅仅 7 天，张爱萍就在马兰举行秘密会议，向核试验基地等单位布置原子弹空爆试验任务。

　　空爆试验，是用飞机将核弹投掷到预定高度爆炸的一种核试验。与塔爆试验相比，空爆具有一定的实战意义。同时，它分地面和空中两个系统，而且两个系统之间需要联动，这对试验技术的要求更高。

　　首先是投弹偏差问题。飞机将核弹在万米高空投掷下来，靠降落伞控制在预定高度爆炸。投弹的偏差，对测量瞄准和试验安全影响很大。其次是飞机的安全问题。因为飞机投掷的是万吨梯恩梯当量的核弹，爆炸后的冲击波、光辐射对飞机本身安全构成巨大的威胁，远区冲击波聚焦也威胁着逃逸中的飞机安全。此外，气象等方面也存在一些不确定因素。空爆试验中放射性物质的高度，比地面试验的要高得多，扩散范围也更大。为防止放射性沉降物飘至周边国家，对试验的气象条件要求更严，选择符合试验要求的天气更难。

　　考虑到空爆试验的这些特点，核试验委员会将中国第一颗原子

核试验炮伞取样

弹爆炸试验时提出的保响、保测、保安全的"三保"要求，拓展为保响、保投得准、保地面空中联得上、保测试、保回收、保证有足够的数据进行分析、保证资料储存和管理、保证安全标准的"八保"要求。

从"三保"到"八保"，每一"保"都要求程开甲他们拿出切实可行的技术方案。特别是"保安全"，难度更大，标准更高。

这次核试验，周恩来从头至尾亲自指挥。

一天，程开甲接到通知，周总理有问题要向专家请教，请他做好准备。第二天清晨，国防科委胡若嘏局长带领程开甲、王淦昌等5名专家，准时来到北京中南海周总理的住所。他们到达时，工作人员已迎候在那里，并抱歉地说，周总理头天晚上工作了一个通宵，刚刚躺下，请他们稍等一会儿。话音未落，周总理穿着睡衣、满面春风地出现在他们面前。这次"请教"，时间一个小时，主要是总理问、专家答。关于试验方面，周总理问了程开甲爆炸后有关飞机安全、放射性烟云径迹以及地面沉降测量等技术问题，还问了烟云的高度、高空风的走向、烟云会不会飘到其他地方等等。程开甲都一一回答了。周总理对这次核试验安全问题的高度关注，以及一遍又一遍的反复叮咛，让程开甲深感责任重大。

回来后，他多次召开技术工作会议，并带领乔登江以及理论研究室的技术人员，反复研究空爆中的新问题，反复比较空爆试验与塔爆试验的不同，反复计算飞机高度、爆炸高度、逃逸时间和距离等等。1964 年 12 月，程开甲确定万无一失后，才将定稿的《关于空中核爆炸试验方案的报告》向上呈报，最后经张爱萍上报中央专委会。

程开甲在高速相机工号看拍摄的胶片

1965 年 5 月 14 日，中国首次原子弹空爆试验取得成功。这是继塔爆试验方式后，又一种新的试验方式，为建立我国的核打击能力和进行氢弹试验奠定了扎实的技术基础。

在之后的历次核试验中，程开甲都把安全问题放在最重要的位置。他常说的一句话是："我要向周总理负责。"每次核试验的安全论证，程开甲都亲自把关，绝不放过任何一点安全隐患。久而久之，程开甲在安全问题上的作风，越来越赢得大家的认同。后来，只要听说程教授已经对安全问题把过关了，就不会有人再产生怀疑。

1967 年 6 月，中国第一颗氢弹试验，采用新设计的两架飞机分别投掷与测量方案。因为涉及两架飞机的安全，"史无前例"，周恩来总理在试验前，专门召集各方人马讨论。周总理问及飞机是否安全，并将目光停留在空军代表身上。空军代表站起来，指着程开甲对周总理说："是程教授算的。"于是，周总理又把目光转向程开甲。当程开甲点头肯定时，周总理也重重地点了点头，表示放心了。这种强烈的信任感，一辈子定格在程开甲的脑海中，成为刻骨铭心的鞭策。程开甲一生主持过 30 多次核试验，没有发生过任何安全问题，用实际行动向周恩来总理交出了一份合格答卷。

38 毛泽东指示："原子弹要有，氢弹也要快！"

　　中国第一颗原子弹爆炸成功后，毛泽东两次作出重要指示："原子弹要有，氢弹也要快！"

　　毛泽东作出这个重要指示时，氢弹已于 1952 年在美国、1953 年在苏联、1957 年在英国相继试验成功，并装备部队，法国的氢弹研制正在抓紧突破中。有人推测，法国可能在 1967 年进行首次氢弹试验。毛泽东的意图是希望中国能够赶在法国之前爆炸氢弹，成为国际上第四个掌握氢弹技术的国家。

　　毛泽东的指示作出后，二机部迅速调集力量，加快了氢弹的研制步伐。为此，程开甲也将工作重心转移到氢弹试验上来。

　　氢弹和原子弹同是核武器，但威力和杀伤破坏力大不相同。原子弹的威力通常为几万吨至几百万吨梯恩梯；氢弹的威力则大得多，可以到几千万吨梯恩梯。氢弹与原子弹的原理也不同。原子弹是原子核裂变释放出巨大的能量，氢弹是氢的同位素氘和氚原子核聚变释放出巨大的能量。一个是裂变，一个是聚变；一个是打碎，一个是聚合。所以，氢弹和原子弹的研制完全不同。更为不同的是，我国研制原子弹时虽然很困难，但多少还有点外部信息。研制氢弹时，就完全不同了，美、苏、英三个国家把有关信息封锁得滴水不漏，全部要依靠自己去摸索。

1966年4月，国防科委召开了一次关于氢弹原理试验的讨论会。会上，大家一致同意，中国首次氢弹原理试验还是采用塔爆方式。

如果说中国第一颗原子弹爆炸试验采取塔爆，主要是为了安全有保证；那么，中国第一次氢弹原理试验也采用塔爆，却与"安全"成了矛盾，因为氢弹试验当量大、爆点低、地面放射性沾染严重。这些严重威胁安全的问题，如果不从技术上想办法解决，塔爆试验是不可能进行的。

会议结束后，"塔爆？安全？"2个问号、4个字，在程开甲的头脑中放得大大的，像两个幽灵天天缠绕着他。

不知干了多少个白天黑夜，也不知做了多少次重复劳动和无效劳动，程开甲与核试验技术研究所的科技人员一次又一次地论证，一遍又一遍地计算。

最终，他们找到了解决办法：（1）对塔基的地面用水泥和石块作加固处理，并计算出了加固方案，初步估算出加固范围和厚度。（2）严格选定试验时的气象条件。注意高空风的风向和风速，使爆炸后产生的放射性烟云按预定方向飘移。（3）将试验"零"时选在12时。当放射性烟云到达下风方向的居民区时，已是深夜，人员都在室内，可以免受影响。（4）加强对放射性剂量的监测，在不同地区设置监测站，等等。

在理论上有了确保安全的加固值，程开甲还是放心不下，正所谓人命关天，不允许稍有差池。为检验理论设计值的准确性，他带领技术骨干来到戈壁滩，用常规炸药进行化爆模拟试验。结果证明，这种处理办法相当成功。

1966 年 12 月 27 日，聂荣臻亲临现场主持试验。试验前，聂荣臻要求指挥部的成员和专家给这次试验的成功率打分。在场的人点名要程开甲为"安全"项打分，程开甲保证："安全方面，没有问题。"看到程开甲严肃认真的样子，聂荣臻心里压着的那块大石头落了地。因为他知道，从程开甲嘴里说出来的"安全"，是真正的安全。

12 月 28 日 12 时，中国首次氢弹原理试验取得圆满成功。所有数据表明，中国已经突破氢弹技术。

中国第一颗氢弹爆炸试验的烟云

半年之后，1967年6月17日8时20分，住在新疆乌鲁木齐、哈密、吐鲁番、库尔勒一带的人们惊呼，他们看到天上有两个太阳！

就在疑惑的人们相互打探这一奇妙景观出现的原因时，当天下午，中央人民广播电台播送的中国政府新闻公报，为大家揭开了谜底。原来，中国在罗布泊上空爆炸了自主研制的第一颗全当量氢弹！

这次空投氢弹试验，程开甲又有两项创新成果载入史册：一是采取固体火箭取样的方法，二是改变投弹飞机飞行的方向。这两个创新，在以后历次氢弹空爆试验中都被沿用，并发挥了重要作用。

中国第一次全当量氢弹空爆试验圆满成功，再一次使全世界震惊。中国成为继美、苏、英之后，第四个拥有氢弹的国家。

6月18日，法国法新社科学编辑塞尔日·贝尔发表文章："中国人民爆炸热核炸弹所取得的惊人成就，再次使全世界专家感到吃惊，惊奇的是中国人取得这个成就的惊人速度。"

同一天，英国《星期日泰晤士报》发表文章，在感叹中国速度时，调侃了法国："没有哪个国家进展得有这样快。法国爆炸第一颗原子弹比中国早4年，但仍然没有试验氢弹。"

从爆炸第一颗原子弹到爆炸第一颗氢弹，美国用了7年4个月，苏联用了4年，英国用了4年7个月，法国用了8年6个月，而中国仅用了2年8个月。于敏、程开甲等中国科学家，再一次用爱国、奉献的精神让全世界见证了奇迹，见证了中国速度和中国志气！

39 天山深处的小屋

新疆天山山脉有一道无名山谷，山谷中有一条无名小溪，小溪旁有一座用石头和黄土筑起的、简朴的干打垒小平房。

每天清晨，太阳还没有越过东边的地平线，小平房里就会准时走出一位年近半百的女主人，手中端着一盆剁碎拌匀的鸡食。她动作麻利地放出一群鸡，又赶出几只鸭，然后把鸡食摆在地上，微笑着看着鸡儿鸭儿欢蹦乱跳地抢食吃。吃饱了，鸡儿拍打着翅膀散向四方，鸭儿则一摇一摆地走向小溪。女主人这才满意地折回鸡窝，将还留着母鸡体温的蛋，拿到厨房煮熟，摆上丈夫的餐桌。她听说新下的鸡蛋最有营养，于是，坚持每天把当日的新鲜鸡蛋做成丈夫的早点。家里的一切收拾妥当后，她扛起铁锹，参加集体劳动去了。

小平房的这位女主人，就是程开甲的夫人高耀珊。刚才的情景，就是她来到戈壁滩后，10多年如一日的生活。

1966年10月，核试验技术研究所搬迁至新疆天山深处。为了支持程开甲的核试验事业，照顾他的生活，1969年，高耀珊毅然带着孩子从北京来到戈壁滩，来到程开甲的身边。她初来戈壁滩的时候，这里的生活十分艰苦。一年四季，除了萝卜、白菜，就是土豆。为了改善科技人员的生活，研究所政治部的王干事，组织家属们成立"五七"大队开荒种地。高耀珊一到马兰，就主动申请加入。起初，大家对她另眼相看：是所领导的家属，又来自北京，要不要派头？娇不娇气？能不能干活？但很快，高耀珊用自己无声的语言打消了大家的顾虑，成为"五七"大队的骨干。每天，她坚持和大家一样，走路去劳动，从不特殊；饿了，和大家一样，坐在地边，吃自带的干粮。严寒的冬天，冰天雪地。别人还没起床，她就早早地拿着铁铲和背篓去拾牛粪、羊粪。有一次路滑，她拉着粪车摔伤了，在床上躺了好些天。

高耀珊对程开甲的照顾无微不至。不来戈壁，她不会理解程开甲工作的艰辛；不来戈壁，她不会了解程开甲所干事业的伟大。她在医院工作过，对程开甲的照顾特别细致。程开甲每次进场区前，她都从地窖里挑些苹果或橘子让通信员带上，并反复叮嘱：必须保证每天让他吃上一个水果。如果他白天没时间吃，到了晚上，就把苹果切成片，或把橘子掰成瓣，再插上牙签，放在一个小碗里，搁到他的床边，提醒他吃。

每次从场区回来，程开甲都要瘦上一圈。高耀珊就想办法给他做好吃的，把营养补上。她的烹调技术在马兰非常有名。有时，她会主动代丈夫邀请张蕴钰等老战友来家里喝上几杯，吃她做的冰糖蹄髈。尝过程开甲家美味佳肴的老战友，提起高耀珊做的冰糖蹄髈、红烧鱼，都赞不绝口、唇齿留香。

高耀珊精打细算。秋天，她把蔬菜和水果一筐筐地放入菜窖，让程开甲全年都有新鲜食物吃。她总是挑最好的苹果给丈夫，次的留给孩子们，坏的给自己。20 世纪 70 年代，程开甲每月工资 301元。按照丈夫的吩咐，高耀珊每月给在盛泽的程开甲的老母亲寄40 元和一些生活用品，其余的才是一家的生活费和 5 个孩子的教

20 世纪 70 年代，程开甲、高耀珊夫妇在新疆红山

育费。尽管这种分配在通信员看来有些不尽合理，但程开甲不这么想，高耀珊也从没抱怨过半句。程开甲非常讲卫生，高耀珊就把家里收拾得整整齐齐、干干净净、一尘不染。

正是因为有了这样的小屋和小屋的女主人，满目荒芜的戈壁滩才充满了温情。

中国核试验基地第一任司令员张蕴钰，在晚年感慨地说："你们要写程开甲，就一定要写他的夫人。没有高耀珊，就没有程开甲。"程开甲也说："我所作出的每一份成绩，都有耀珊的一半功劳。"

40 看不见的辉煌

　　在进行了一定数量的大气层核试验之后，尽快将核试验从空中转入地下，是国际政治形势发展的要求，也是军事保密的需要，更是核试验技术发展的需要。

　　地下核试验，是将核装置放在竖井或地下深处的水平坑道中爆炸。由于核装置被深埋于地下，核爆炸释放的光能、热能将地层深处厚厚的岩石层熔化、汽化。被封闭的巨大力量产生强度极大的波，在深层的岩石中向四面八方传播开来，使岩石受到挤压后破碎。有人把地下核试验形象地比喻为"看不见的辉煌"。

　　为了这看不见的辉煌，程开甲呕心沥血。

　　最初，对于中国要不要进行地下核试验，大家的认识并不完全相同。程开甲是我国最早开展地下核试验研究的人，也是我国进行地下核试验的积极推动者。

　　早在1963年，程开甲就一边紧张地准备着我国第一颗原子弹的塔爆试验，一边指导丁浩然等有关人员进行地下核试验的研究和技术储备。

　　他们从收集美、苏、法、英4个国家进行地下核试验的资料着手，一步一步地搞清了地下核试验的优点和缺点。

　　优点是：（1）试验产品放置在地下爆心处，可以进行近区物理和力学测量，对产品进行诊断。（2）基本不受气象条件影响。（3）有利于安全和保密，国外只能获得地震信号。（4）能把大部分放射性物质封闭在地下，减少对环境的放射性沾染。

缺点是：（1）对爆炸产生的毁伤效应的研究受到限制。（2）试验周期长、工程量大，一个洞要打一年甚至更长时间才能完成，工程上的要求也很高。（3）有更多的新问题、新技术等待攻克。

在诸多需要攻克的新难题中，第一个就是地下核爆炸产生的力学效应。为了获取感性认识，程开甲听说河北承德有一个铜矿正在搞地下爆破开采，当即决定和董寿莘等人一起坐火车去承德，实地考察爆破过程。当炸药在一座山体的矿洞爆炸时，程开甲他们站在对面的山头感受地下爆炸产生的震动效应。他们还用自己设计的测量弹簧来测试，根据弹簧的振幅估算震动的强度，得到了震动效应的一些数据。

从承德回来后，他们又作了许多理论研究和计算。到1964年，已经勾画出我国第一次地下核试验的基本图像，并明确提出了确保地下核试验安全的"三不"要求："不冒顶，不放枪，不泄漏。"

为了解决这"三不"问题，1965年12月底，程开甲他们先后进行了几次化爆试验。化爆试验是在戈壁滩最冷的地方做的。这里山高沟深，全天得不到日照，海拔1500米左右。白天，他们穿着皮衣，还冷得上牙打下牙；夜间，更是奇寒难忍，尿水落地即成冰，不是虚言。

尽管环境恶劣，但一次一次的化爆试验，使他们一点一点地积累经验，一个一个地验证、修改、完善各种理论设计的参数，为地下核试验做技术准备。

1967年10月底至11月中旬，在北京召开我国首次地下核试

科研人员深入戈壁滩做试验

验技术工作会议。这次会议的规模很大，核试验基地、核武器研究院、工程兵等各方面的专家都来了。会上，讨论最多的就是"三不"问题。有人对程开甲提出的坑道自封概念和设计，表示担心。如果实现不了自封，后果不堪设想。苏、美等国家的地下核试验，都发生过大大小小的泄漏或坍塌。因为有了前期扎实的理论研究和计算，有了多次化爆试验的经验和数据，程开甲对自己的设计和方案充满信心。会上，他的观点鲜明，有理有据。关键时刻，王淦昌支持了程开甲。王淦昌知道，在安全问题上，程开甲如果没有百分之百的把握，是不会这么理直气壮的。于是，会议决定："凡是技术上的大事，都由程开甲和王淦昌两位专家拍板。"

　　1969 年 9 月，中央专门委员会和周恩来在确信程开甲他们已经完全攻克地下核试验技术难关，核试验基地的所有技术准备已经

地下竖井方式核试验现场

到位，并对这次地下核试验的成功有绝对把握之后，终于下达命令：9 月 25 日前，完成一切准备，待命试验。

1969 年 9 月 23 日 0 时 15 分，一阵剧烈的震动像波浪一样传来。没有强烈的闪光，没有震撼人心的惊雷。黯淡的月光下，人们看到的只是山顶的抖动和腾起的尘埃，但程开甲他们能够从地下压抑、沉闷的声音中，感受到地下核爆炸释放的巨大能量。

测试表明：爆炸当量完全符合设计要求，引爆控制系统良好，坑道实现了自封，没有发生冒顶和放枪，达到了预期效果。中国首次地下平洞核试验取得圆满成功！

程开甲是一个敢于创新、不断创新的人。当地下平洞方式核试验技术完全掌握后，他又适时提出了进行我国首次竖井方式地下核试验的建议。

1978 年 10 月 14 日，我国首次竖井地下核试验获得圆满成功！它再次刷新了程开甲的创新纪录。

1980 年之后，我国不再进行大气层核试验，核试验全部转入地下。

41 "文化大革命"中的"程瓦特"

英国发明家詹姆斯·瓦特的名字，许多人都熟悉，因为他发明了改良蒸汽机，使人类进入"蒸汽时代"。后人为了纪念这位伟大的发明家，把功率的单位定为"瓦特"（简称"瓦"，符号为 W）。

不知从哪天开始，核试验技术研究所有人称程开甲为"程瓦特"。因为在他们看来，程开甲就像发明家瓦特一样，面对难题，总能想出别人想不到的解决办法，是一个有发明创造精神的人。

1966 年，正值程开甲全力以赴准备我国第一颗氢弹爆炸试验的时候，"文化大革命"来临了。核试验基地出现了思想混乱，基地和研究所都成立了造反组织，并开始冲击正常的工作秩序。对此，程开甲忧心忡忡。他既担心中国核试验事业的前途命运，也担心自己的家庭出身和海外经历，会影响到自己而无法工作。

12 月，聂荣臻来到核试验基地，坐镇马兰，亲自指挥我国第一次氢弹原理试验。他住在招待所一楼，程开甲住在二楼。一次散步时，程开甲忍不住问："聂帅，您看我们该怎么办好？"

"没什么，你不要担心。别人提什么意见，就听一听，该作检讨的时候作作检讨。其他的事别多想，完成好试验任务。"聂荣臻尽管心中与程开甲同样充满了忧虑，但为了减轻他的压力，不让他在试验的关键时刻分心，边拍着他的肩膀，边轻描淡写地说着。

听到聂帅如此肯定的语气，程开甲放心地走了。他哪里知道，聂荣臻的心情比他更沉重。就在聂荣臻离开北京来罗布泊的前两天，红卫兵已经把"火烧聂荣臻""万炮齐轰聂荣臻"的大字报贴到了他的家门口。甚至还有人说，他这次来核试验基地是为了给自己脸上贴金。为了我国的核武器事业，聂荣臻没有为自己辩护，顶着巨大压力来到基地指挥核试验。

程开甲走后，聂荣臻陷入了沉思。自领导国防科技事业以后，他认识到，中国的核试验事业换掉一两个领导还好，如果换掉像程开甲这样的专家，问题就大了。"一定要保护他们！一定要尽自己的力量最大限度地保护科学家，保护他们的工作环境！"

离开核试验基地时，聂荣臻特意指示基地党委："基地是试验部队，和机关、学校不一样，不要搞'四大'（大鸣、大放、大字报、大辩论）。基地的文化大革命只搞正面教育。"针对当时出现的"唯成分论"，聂荣臻指出："不讲成分不对，搞'唯成分论'也是不对的。年长一点的技术专家，都是在新中国成立前上大学，是留学英美的知识分子，家庭成分差不多都不是工农。在旧社会和新中国成立之初，能够大学毕业或出国留学的人，家庭出身多数不太好。所以，我们必须贯彻重在表现的政策，要不然，科研工作无法开展。"临上飞机前，聂荣臻还在机场做群众的工作，以科学家与群众一样都有爱国之心、强国之梦去说服他们。目送聂帅离去，程开甲内心深处的那份感激，无以言表。这份情感，他一直深埋在心底。2008年，为纪念聂荣臻诞辰110周年，程开甲追忆过往，写下了"共和国的元帅，科学家的领袖"十二个大字，表达对聂帅的怀念。

不久，核试验基地传达了毛泽东主席亲自签发的电报。电报重申:"核试验基地是正面教育单位,不准冲击,要保证核试验任务正常进行。"

据此,张蕴钰在核试验基地召开的大会上公开宣布了保护程开甲的命令。后来,基地的气氛越来越紧张,张蕴钰感到形势难以控制。为了保护程开甲,他有时会以开会和工作的名义,将程开甲派去北京出差,让他离开基地。对于张蕴钰的做法,造反派很不满意,他们要求张蕴钰把程开甲叫回来"回答问题"。张蕴钰总是以程开甲在北京有重要任务为由,拒绝了造反派的要求。于是,造反派就直接给在北京的程开甲写信,强烈要求他回基地参加"革命运动"。张蕴钰听说后,立即给程开甲写亲笔信,让他"站稳立场,遇事多同党委同志交换意见"。心有灵犀一点通,程开甲自然能够领会张蕴钰的深意。这封信,程开甲一直保存至今。它见证了那段历史,也见证了程开甲与张蕴钰之间的深厚情谊。

1968 年,张爱萍被打倒,张蕴钰被调离核试验基地。核试验技术研究所的技术骨干董寿莘、忻贤杰、陆祖荫、孙瑞蕃、丁浩然、吕敏等人,几乎无一例外地受到了不公正待遇。程开甲虽然是被点名保护的对象,但造反派还是将他视为"没有改造好的资产阶级知识分子",把张爱萍、张蕴钰、程开甲联系起来,说成是核试验基地的一条"修正主义黑线"。更有甚者,有人时常把程开甲从办公室叫出去"回答问题",并检讨"技术第一""专家路线"等"资产阶级思想根源"。

久病成良医。慢慢地,程开甲也有了一套保护自己也保护别人的办法,"回答问题"时避重就轻。造反派问他对张爱萍的看法,程开甲说"没看法";造反派要他给张蕴钰提意见,程开甲说"没意见";有时实在被逼急了,程开甲就用背诵毛泽东语录、背诵马

程开甲聚精会神地观察实验结果

列主义经典论述的办法，和他们绕圈子、"打太极"。于是，造反派说程开甲"狡猾狡猾的"，把"程瓦特"的称呼改成了"程滑头"。

尽管这样，马兰人有一种非常可贵的精神，那就是为国争光。无论是谁，无论属于哪一个造反派，一旦进入核试验场区，都能抛弃分歧。"造反派"与"专政对象"共处一室，"毛主席的好战士"与"资产阶级知识分子"同干一件事，相互合作，共同完成任务。1976年，一次地下核试验前，程开甲还戴着"修正主义学术权威"的帽子。开会时，造反派让他拿个凳子坐在帐篷口。当时，为安全封堵问题，程开甲与他们争论得很激烈，现场甚至有人威胁他说："再多堵一米，就是修正主义。"但为了核试验的安全，程开甲毫不退让，坚持行使核试验最高技术负责人的职责，坚持技术方面按他的要求办。他说："只要让我说话，我就要坚持科学原则。"正是因为程开甲的可贵品质，中国的核试验即便受到"文化大革命"的干扰，也没有发生任何安全事故，核试验技术继续向前推进！

42 "首长，您真的不害怕吗？"

    自 1945 年 8 月 6 日美国陆军航空队一架 B-29 "超级空中堡垒" 轰炸机，在日本广岛上空投下一枚名叫"小男孩"的原子弹以来，许多人出现一种谈"核"色变的恐惧。这是因为，"小男孩"让世人目睹了核武器的无比威力和核辐射的可怕后果。

    "小男孩"是人类历史上首次使用的核武器。据统计，广岛因这次核爆炸当场被炸死的有 7 万多人。随后因核辐射，许多人得了癌症，孕妇出现流产，出生的婴儿畸形发育。至 1945 年 11 月，爆心 500 米以内的人的死亡率达 98%—99%；500—1000 米范围内，死亡率为 90%。截止到 1999 年，死于原子弹"小男孩"的人数上升至 20 万。目前，广岛市相生桥附近地区依然是放射性沾染区。

    程开甲一生中有 20 多年，天天与"核"打交道，被称为"核司令"。他在技术上主持了包括我国首颗原子弹、首颗氢弹、首次"两弹"结合、首次地下平洞方式、首次地下竖井方式、首颗增强型原子弹在内的 30 多次核试验。没有人比他更了解核武器对于维护我国国家安全的巨大作用，也没有人比他更明白核辐射对人体健康造成的危害。在"大我"与"小我"之间，程开甲作出的是"忘我"的选择。

    在我国进行地下核试验早期，由于国外严密封锁，也由于核装置深埋地下，我们对核爆炸的现象以及核爆炸产生的破坏效应，缺乏感性认识。对此，程开甲总是感到心中没底。怎么办？他大胆建议：对地下核爆炸现场进行开挖！通过解剖"麻雀"，推动核试验技术走向成熟。

开挖后的地下核爆炸现场，环境凶险，高温、辐射、容易坍塌。但程开甲全然不顾这些，每次都到最艰苦、最危险的一线实地考察，获取核爆炸后的第一手资料。他多次与技术人员一起，穿上简单的防护服，戴上口罩、手套和安全帽，拿着手电筒，爬进测试廊道、测试间，甚至最危险的爆心。一次，他和朱光亚一起考察开挖后的坑道和测试间。在张永家的引导下，他们先是从主坑道进入

中国地下核试验场区旧址

开挖的测试廊道。此时，廊道已被严重挤压，其中有 10 多米被挤压得直径只有 80 厘米。在场人员看到这种凶险的情况，都劝程开甲他们在洞口看看就行了，不要继续冒险前进。可程开甲不答应，他说："你们听过'不入虎穴，焉得虎子'这句话吧？我今天一定要亲口尝尝'梨子'的滋味。"最后，大家拗不过他，陪着他和朱光亚匍匐爬行，穿过挤压段。当看到五光十色的玻璃体和岩石剥离飞散现象时，程开甲非常兴奋，一边指导技术人员详细记录各种物理现象，收集好玻璃体标本，一边说："好！好！和我们的理论分析基本一样。"程开甲说，每深入"虎穴"一次，他对核爆炸现象与核破坏效应的认识就会提升一次，"亲眼所见"与"亲耳所闻"是完全不同的两个概念。

我国第一次地下竖井核试验前，程开甲提出要亲自下井，去爆

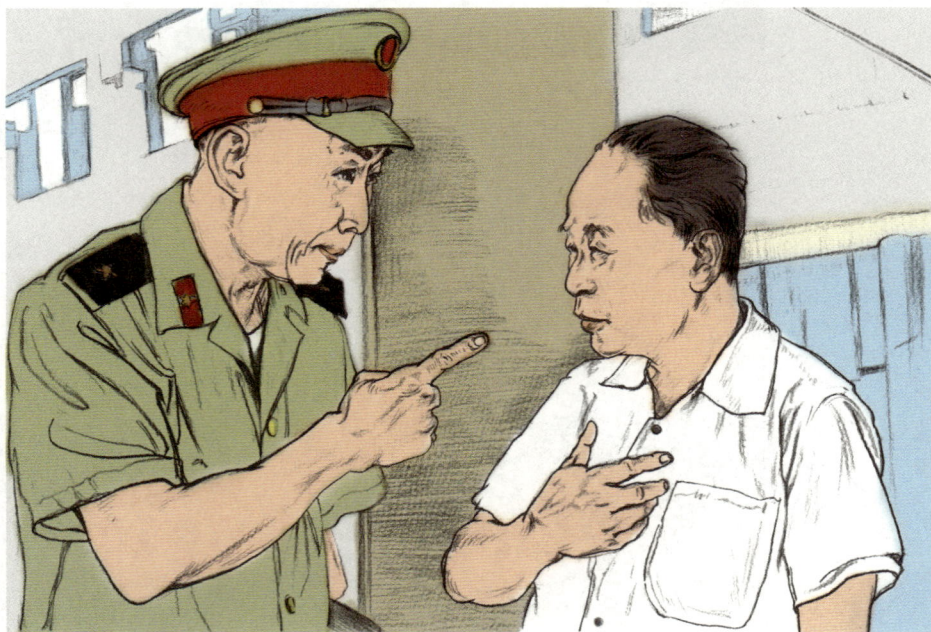

20 世纪 80 年代，程开甲与朱光亚在一起

心的位置察看。因为井很深，需要吊着下去，不确定因素很多，核试验基地副司令员孙洪文坚决不批准，但最后实在不能说服程开甲，只得下令："最多只能下到100米深处，多1米也不行。"这次"百米探底"的冒险，为程开甲改进竖井核试验设计方案，提供了难得的直观认识。

当年程开甲的通信员李国新，至今还记得他陪程开甲深入现场的一次冒险行动。那是1982年，一次地下竖井核试验后，大家还在欢呼雀跃，程开甲急急忙忙带着李国新走出主控站，乘坐早已等候在外面的吉普车，直奔爆心。当他们赶到时，那里的地面已经扬起尘土，出现裂缝，并产生了辐射。随身携带的钢笔样粗的放射性探测器尖叫不停，对强辐射发出警报，但程开甲就像没有听见似的，仍然坚持在爆心地表察看一周后才快速离开。返回的路上，李国新忍不住问："首长，您真的不害怕吗？"程开甲回答说："害怕。但我更担心我们的核试验事业，因为那也是我的生命呀！"

43　永恒的友谊

在马兰基地广场最醒目的位置，耸立着一块红色的花岗岩，上面镌刻着 1996 年张蕴钰写给程开甲的一首诗：

> 核弹试验赖程君，电子层中做乾坤。
>
> 轻者上升为青天，重者下沉成黄地。
>
> 中华精神孕盘古，开天辟地代有人。
>
> 技术突破逢艰事，忘餐废寝苦创新。
>
> 专家学者风沙里，同与战士历苦辛。
>
> 戈壁寒暑成大器，众人尊敬我称师。

程开甲与张蕴钰的友情，始于 20 世纪 60 年代。他们一个是中国核试验基地首任司令员，一个是中国核试验的技术总负责人，在共同的"罗布泊时间"里，始终并肩携手，开创了我国的核试验事业，共同组织、指挥并参加了令世人瞩目的核试验，一起完成了党和国家交付的重任。

开始，他们因工作而相识；后来，他们因事业而相知；最后，他们成了一辈子相交的朋友。只要谈到中国的核试验，张蕴钰就竖起大拇指说："程开甲是一个大功臣。"

同样，只要谈到中国的核试验，程开甲就发自肺腑地赞叹：

张蕴钰在 1996 年写给程开甲的诗，镌刻在红色花岗岩上

"张蕴钰为中国核试验事业立下了大功勋。"这不仅因为张蕴钰是他的上级，是他技术路线的支持者和"文化大革命"中的保护者；更重要的是，张蕴钰敢于推翻苏联专家在中国核试验场区选址问题上的意见，提出自己的主张，从而使中国核试验有了罗布泊这个理想场区，满足了第一颗原子弹爆炸以来各种类型核试验、"两弹"结合试验和武器发展的需求，其建立的功勋无与伦比。2006 年，张蕴钰 89 岁生日，程开甲亲笔题写了八个大字相赠："德高望重，一生功勋。"

程开甲回忆，每次核试验，工程量都很大，特别是在戈壁滩上施工，难度非常大。他负责工程设计，张蕴钰负责工程落地。当时，马兰基地流传一句话："知识分子画条线，工农兵干三年。"从某种程度上来说，讲的也是大实话。但张蕴钰是相信科学、尊重科学家的，无论程开甲提出什么要求，无论施工的难度有多大，他都会千方百计克服困难，满足试验需求。核试验中，两人始终配合默契，相互理解、相互支持。有一次，准备做大气层核试验。为防止冲击波或地震对测控电缆的破坏而测不到数据，程开甲要求所有的电缆沟都必须铺放细沙。检查时，程开甲发现工程队铺放的沙子不符合要求，提出返工重铺。听说要返工，工程队当场就有人与程开甲"理论"起来："这样做是不是有必要？是不是过于保守？"要知道，如果重铺电缆，之前的工作都白干了，还需要再运几百卡车的沙子。当时，戈壁滩上施工非常艰苦。已经完成的工程，都是工程队的同志一锹一锹挖出来的，铺上沙子后，又一铲一铲地填平。但程开甲偏偏是一位只讲科学、不讲情面的科学家，有人劝他作些让步，他说："我的要求不过分。这个问题，我是不会妥协的！"官司打到张蕴钰那里。张蕴钰听完汇报后，几乎是不假思索地说："照程教授说的办！"

在张蕴钰眼里，程开甲是一个纯粹的科学家、真正的科学家，除了搞科学研究，他什么也不会。困难年代，马兰基地物资稀缺。为了保障程开甲的生活供应，张蕴钰向后勤部交代："要搞好程教授的后勤保障。""文化大革命"中，程开甲和张蕴钰更是一对患难见真情的战友。两人心有灵犀，肝胆相照，共同走过了那段不平凡的岁月。程开甲说："张蕴钰是我这辈子最尊重、最敬仰的领导，是我这辈子最好的朋友。"张蕴钰也说："程开甲是我在科学事业上成功的合作者，是我真正的朋友。"

44 一朵永不凋谢的马兰花

"大漠，烽烟，马兰。平沙莽莽黄入天，英雄埋名50年。剑河风急云片阔，将军金甲夜不脱。战士自有战士的告别，你永远不会倒下。"

这是2012年度"感动中国十大人物"评委会，给当年高票当选"感动中国"人物的林俊德院士感人肺腑的颁奖词。

林俊德是中国爆炸力学工程技术专家，一辈子在核试验基地，从事空中爆炸冲击波、地下爆炸岩体应力波、爆炸地震波、爆炸安全工程技术、强动载实验设备与实验测量技术研究工作。从1964年我国第一颗原子弹爆炸，到1996年我国进行最后一次地下核试验，他参与了我国全部45次核试验。2013年1月17日，中央军委主席习近平签署命令，追授林俊德"献身国防科技事业杰出科学家"荣誉称号。

林俊德之所以能感动中国，一方面是因为他"铿锵一生，苦干惊天动地事；淡泊一世，甘做隐姓埋名人"的功勋业绩，另一方面是他在"生命的最后8天"里为国人树立的精神丰碑。

2012年5月4日，林俊德被查出胆管癌已到晚期。他诚恳地对医生说："我是搞科学的，最相信科学。你们告诉我还有多少时间，我好安排工作。"医生告知实际病情并与他商量治疗方案时，林俊德坚决拒绝手术和化疗："我现在最需要的是时间，好完成手头的工作。"5月26日，林俊德的病情突然恶化，被送入重症监护室。醒来后，他得悉自己的生命只能"以日计数"，坚决要求搬出重症监护室，转回普通病房继续工作。5月29日，转回普通病房的林俊德出现完全肠梗阻，医生建议做肠梗阻手术，林俊德再次拒绝："你们不要勉强我，我的时间太有限了。"5月30日，林俊德感到自己坐在病床上工作已经非常艰难了，就提出要把办公桌搬进病房，并反复对医生和家人强调："我不能躺下，一躺下就起不来了。"5月31日，林俊德的生命到了最后一天。为了把他最牵挂的某重大科研项目的技术资料整理好，留给后人，他先后9次向家人和医护人员提出下床工作。在众人搀抬下，林俊德忍受着剧烈的疼痛，直到把任务完成才放下鼠标。此时，他已近昏迷。5小时后，

程开甲与林俊德在一起

林俊德离开人世。

得知林俊德去世的噩耗，94 岁高龄的程开甲扼腕痛惜，派家人专程送去亲笔题写的挽词："一片赤诚忠心，核试贡献卓越。"

2008 年，林俊德在《程老的教诲》一文中，这样写道："在学术上，我同程老是隔辈人。他已经是大专家时，我还是一个刚走出校门的学生。"

对于程开甲来说，林俊德在他心中就是那个"人才难得，一将难求"的人。1963 年春天，从浙江大学毕业的林俊德来到刚成立的核试验技术研究所工作。林俊德回忆说，当时一穷二白，研究所没有办公用房，没有实验室，连成立大会也是在国防科委大楼召开的。但第二年要进行我国首次核试验，大家都很着急，又不知道从何做起，很迷茫。当时的总方针是"全国大协作"，研究所的人员分散到各协作单位学习。林俊德所在研究室的大多数技术人员，被分别派到中国科学院、解放军军事工程学院、工程兵科研三所等几个单位学习去了，但 9 个同志被留了下来，程开甲让他们研制测量核爆炸冲击波压力变化过程的钟表式压力自记仪，并宣布林俊德任组长。这是当时研究所唯一不外协的项目，程开甲的理由是："我们不能长久依靠外协，外协项目迟早要回到研究所。保留一个项目，有利于培养独立自主、自力更生的创业精神，有利于积累实验室建设经验，也有利于研究所的人才成长。"

后来的实践证明，林俊德这个"试验品"，没有让程开甲失望。林俊德和他年轻的战友们，经过一年夜以继日的攻关，终于研制出中国第一台钟表式压力自记仪。1964 年 10 月 16 日，中国第一颗原子弹爆炸试验中，最完整、可靠的冲击波数据，就来自林俊德他们独立自主研制的这台仪器设备。谁也不知道，这个项目是林俊德等几个年轻人研制出来的。项目组成员的平均年龄只有 24 岁，成员中资格最老的离开校门也仅 4 年。谁也不会相信，当时他们的实验设备和检验条件，只有烈日、寒风、蜡烛和自行车的打气筒。中国首次核试验成功后，程开甲对钟表式压力自记仪在冲击波测量中发挥的重要作用给予高度评价；组织上给林俊德研制小组记集体二等功，给林俊德记个人二等功。

"文化大革命"中，核试验技术研究所的技术骨干都不同程度地受到冲击。1969 年，军宣队进驻研究所。林俊德作为程开甲的得力干将，也受到"只专不红"的批评，甚至还有人诬告他说过"不能保证永远忠于毛主席"，被撤销了组长职务；接着，又宣布对林俊德作复员转业处理，转业地点是南京市。即使心中满是委屈，但

科研人员进入核试验爆心

戈壁滩人服从组织安排已经成为一种自觉。林俊德用复员转业人员的票证，先是为自己买了一个装书用的大木箱，后来又为家人买了一些新疆特产的毛线、葡萄干等。听说林俊德等骨干要走，程开甲心急如焚。他顾不得自己也是"教育改造对象"，亲自给上级打报告，强烈要求为中国的核试验事业保留技术骨干。就这样，林俊德又被留了下来，在戈壁滩一干终生。

1978年，林俊德被提拔到研究室领导岗位。一次，程开甲带着机关的同志下去检查工作。林俊德向他汇报了想建一座气炮的设想，并如实反映说：通过调研，对这事有两种不同的认识：一种意见认为，力学研究的深入很需要做气炮试验，研究所应该有自己的气炮；另一种意见认为，建气炮难度很大，任务又多，缓缓再说。程开甲听后，当场拍板："马上建！"程开甲识才、爱才的大家风范，再一次让林俊德感动。2001年，林俊德当选为中国工程院院士。有人说，林俊德是被程开甲"抢"回来的科学家。

总结自己的成长历程，林俊德对程开甲充满感激："我深深得益于程老的教诲，他对国家和人民的深深热爱和对工作的极端负责、他对科学的热爱和对真理的执着追求、他对科学实验的重视和对实践经验的尊重、他的虚怀若谷和对不同学术见解的包容、他的不搞亲疏远近和一碗水端平、他对同事的友善和对下级与年轻人成长的关怀等，都是我成长道路上的指路明灯。"

"死后一定要把我埋在马兰！"这是林俊德临终前的遗言。

45 让他们走上前台

1984年，一纸命令将66岁的程开甲调回北京，任命他为国防科工委科技委常任委员。当时，与程开甲前后调入科技委的，还有钱学森、朱光亚、陈芳允等几位大科学家，他们将共同谋划我国国防科技新的发展蓝图。从此，程开甲的科学人生翻开新一页，启航新征程。

要离开生活了20多年的戈壁滩，离开钟爱的核试验事业，程开甲的心中有着无限的眷恋。离开马兰基地前，他带着通信员，把自己在戈壁滩上工作和生活了20多年的每一个角落都重新察看了一遍。他知道，自己的离去，不会影响中国核试验事业的发展，因为核试验技术研究所的队伍已经成长起来，吕敏、杨裕生、乔登江、钱绍钧、邱爱慈、陈达、林俊德等人已经形成了人才梯队……

核试验事业是一个尖端的事业，也是一个创新的事业，没有人才不行，没有团队不行。所以，在20多年的时间里，程开甲始终把完成任务与培养人才结合起来，把带队伍看成自己的使命。

带队伍、培养人，程开甲有自己的经验。首先，培养他们献身祖国的精神，提高他们的政治素质。程开甲说，搞原子弹是毛泽东主席、周恩来总理交给我们的任务，是打破核垄断、为中国人争气的事业，值得我们去牺牲、奉献，值得我们去创新、拼搏。他经常用自己的亲身经历教育研究所的科技人员，向他们讲述"只有国家强盛，才有个人幸福，人生的价值在于奉献"的深刻道理。其次，培养他们对科技问题的钻研精神和创新精神，提高他们的业务素质。程开甲说，搞科学研究没有侥幸，没有随声附和与盲目跟风，必须独立思考、开拓创新，"创新是科学的生命之源，创新背后是极其艰苦的奋斗"。最后，培养他们的协作精神，提高他们"任务第一"的大局观念。程开甲经常说，核试验是"国家任务"。进入核试验队伍，心中就要时刻装着"国家"，装着"任务"，树立国家任务第一的思想，一切服从任务的需要。

邱爱慈是核试验技术研究所唯一的女院士，她的成长进步，与程开甲的精心培养有着直接关系。

程开甲与科研团队一起研讨

1964 年，邱爱慈大学毕业后加入程开甲领导的核试验技术队伍。她勤奋好学，有吃苦精神。经过实践磨炼，她已经渐渐成熟。1978 年，核试验技术研究所领导班子大调整。在程开甲支持下，37 岁的邱爱慈走上带头人的岗位，成为研究所最年轻的研究室副主任。20 世纪 80 年代初，我国迫切需要研制一台大型低阻抗强流脉冲电子束加速器，以满足日益增长的高技术科研需要。这台加速器指标很高，研制难度非常大，曾尝试从国外引进，但这些国家对该项技术实施严密封锁。

40 岁那年，邱爱慈在程开甲的坚定支持下，承担起这个高精尖科技工程项目的研制任务。研制工作开始后，程开甲多次听取汇报，帮邱爱慈他们出主意、想办法，多次面对面指导。1983 年 6 月，程开甲亲自出面把全国 60 多名专家约到杭州，对邱爱慈他们提出的研制设计方案进行评审，并亲自主持了论证会。经过一周时间仔细而慎重的分析评估，最后，专家们为该项目上马发放了"通行证"，但鉴定意见写着：方案可行，工程巨大，成功有望，困难重重。经过 10 年的顽强攻关，加速器研制取得圆满成功。

回眸往事，邱爱慈感慨地说："一个是决策上这个项目，一个是决策用我，这两个决策都需要勇气。程老就是这样一个充满了创新精神的人。通过这个项目的接触，我越来越深地感受到程先生不仅是一位科学家，更是一位从国家全局出发、作风扎实的出色领导者，是一位真正求真务实、不断产生科技新思想的功勋科学家。"

植物界有这样一种现象：单株植物生长时，显得黯然、单调，缺乏生机；而与众多植物一起生长时，它们却茂密、簇拥，生机盎然。植物界把这种现象称为"共生效应"。程开甲领导的核试验技术研究所就是这样一个人才共生之地。现如今，核试验技术研究所已经走出了 10 位院士、20 多位专业技术将军，取得了 2600 多项科技成果，许多成果填补了国家空白。

46 为无名英雄证明

1983 年 10 月，程开甲突然收到一份辗转来的特殊的《工作汇报》。

写《工作汇报》的，是航空工业部第 603 研究所的工程技术人员张树祥、龚国政。二人陈述说：他们是原三机部六院较早参加原子弹试验的人员，曾经负责设计过一项原子弹爆炸产生的冲击波对投弹飞机影响的地面模拟试验，参加过我国第三次和第四次原子弹试验，研究过第二次、第三次、第四次原子弹爆炸产生的冲击波及热辐射对飞机和机组人员的影响，给出空投第三颗原子弹的轰-6飞机采用的航迹、飞行姿态、飞行速度和高度，还曾会同国防科委二局起草了一份给周恩来的报告。但由于当时的保密要求，工作是单线联系。现在，联系人已经去世。长期以来，考虑到这是一项绝密工作，他们一直没有向其他领导汇报过。快 20 年过去了，他们所做的工作很少有人知道，也没有受到过任何的奖励。他们写此《工作汇报》，是希望有关部门对他们过去所做工作给予应有的评价，并给予应得的奖励与鼓励。

程开甲认真审阅了这份特殊的《工作汇报》，心潮起伏，久久不能平静。他想起了那个年代，千万个类似这样的无名英雄。他们为了人民共和国的安全，隐姓埋名，默默奉献。现在，这项工作已经不

铺设核试验测控电缆

应再像当时那样保密了，是时候为他们证明、为他们请功了。想到这里，他字斟句酌，负责任地写下了以下这段证明：

　　航空工业部第六〇三研究所张树祥、龚国政的工作汇报许多我所知的均是属实。核试验投弹飞机的安全问题经常是零前准备论证的重大项目，采取了严格科学分析，有确切的数据和理论根据，使试验前有十分把握，这确是他们辛苦工作的结果。向（周）总理汇报时，（周）总理询问过飞机安全问题，我们是根据他们工作的结果，做正面、肯定的答复。

　　我认为这项成绩长期得不到公认，这是很为遗憾。建议应当以二等奖的（科委）杠杠给以评级和职称的考虑，并给以表扬鼓励！他们是无名英雄哪。建议关照同类的人员，可以通过适当渠道自我介绍并请有关人员审定，作为一个制度定下来。

是否当，请批评。

程开甲

10 月 17 日，1983 年

11 月 26 日，国防科工委科技委郑重地给航空工业部发去公函，转达了程开甲对张树祥、龚国政二人的评价和表扬。程开甲为无名英雄证明、请功的事，不胫而走，教育了许多人，也温暖了许多人……

后来，中国的"两弹一星"工程解密，许多为此作出贡献的有功之臣，受到了公开的表彰和奖励。程开甲经常被邀请作"两弹一星"精神报告，无论走到哪里，他都不会忘记为那些无名英雄请功。他说："我们的核试验，是所有参加者、有名的或无名的英雄们，在弯弯曲曲的道路上一步一个脚印完成的。虽然写在立功受奖光荣榜上的名字只是少数人，但我们核试验事业的光荣属于所有参加者，因为我们的每一次成功都是千万人共同创造的，我们的每一个成果都是集体智慧的结晶。当然，这也包括大漠深处的气象站，包括在核试验场徒步巡逻 4000 公里的警卫战士，包括在罗布泊忘我奋斗的工程兵、汽车兵、防化兵、通信兵……如果没有他们的艰苦奋斗、无私奉献，如果没有全国人民的大力协同和支援，就不可能有我们的成功和辉煌。"

尾声　崇高的荣誉

　　真正的科学家是不计名利的，但真正为祖国作出重大贡献的科学家，祖国和人民是不会忘记的。

　　1999年9月18日，中华人民共和国成立50周年前夕，中共中央、国务院、中央军委在北京人民大会堂，隆重举行表彰为研制"两弹一星"作出突出贡献的科技专家大会，并授予23位科技专家"两弹一星功勋奖章"。江泽民为功勋奖章获得者，颁发奖章和证书。其中，有程开甲院士。

　　2014年1月10日，中共中央、国务院在北京人民大会堂隆重举行国家科学技术奖励大会。习近平为2013年度国家最高科学技术奖的2位获奖者，颁发奖励证书和奖金。其中，有程开甲院士。

　　2017年7月28日，中国人民解放军建军90周年前夕，中央军委在北京八一大楼隆重举行颁授"八一勋章"和授予荣誉称号仪式。习近平为10位"八一勋章"获奖者，佩挂勋章并颁发证书。其中，有程开甲院士。

　　程开甲院士还是第三、四、五届全国人大代表，第六、七届全国政协委员。研究成果荣获国家科技进步奖特等奖及一等奖、国家

2014 年 1 月 10 日，习近平向获得 2013 年度国家最高科学技术奖的程开甲颁奖

技术发明奖、全国科学大会奖、何梁何利基金科学与技术进步奖等多项奖励。

一位科学家能够集如此多的国家荣誉于一身，这在中国科学史上堪称传奇。程开甲院士，就创造了这样的传奇。

有一位哲人说过：人的思想是万物之因。播种一种观念，就收获一种行动。

程开甲院士取得成功，源于他强烈的爱国情怀。

他成长在中华民族最苦难的岁月，大学学业是在流亡中完成的。日本帝国主义的侵华战争，激起了他"为中华之崛起而读书"的炽热爱国情感。科学救国的思想，牢牢扎根在他的心中。在英国留学时，他切身体会到中国人寄人篱下的屈辱和苦闷，立下了发奋攻读、为国图强的誓言。取得博士学位后，他谢绝导师玻恩的盛情挽留，放弃国外优越的研究条件，义无反顾地回到祖国，开启了他爱国奉献的人生之路。他说："我们每一个人都有自己的追求，作为中国人，追求的目标应该符合祖国的需要。当年，我从英国回来，想的是祖国的需要，是怎样为祖国出力、怎样报效祖国。"

程开甲院士取得成功，源于他科学报国的远大理想。

他从小就读中外科学家的传记，认识了科学的力量。受科学家们热爱科学、追求真理、执着创新精神的影响和感召，他树立了要当科学家的理想。为了实现自己的理想，他处处以科学家为榜样，把勤奋学习、不断吸收新知识作为毕生功课，把振兴民族、为国争光作为人生目标，并为之奋斗了一生，被称作"程 Book""程瓦特"。他说："我这一辈子是幸福的，因为我干了自己想干的事情。我所做的一切，都与国家强大、民族强大联系在了一起。"

程开甲院士取得成功，还源于他勇于开拓创新的精神。

中国的核试验事业，是中华民族的伟大攀登。为了那一声声东方巨响，他在戈壁滩上工作、生活了 20 多年，主持了包括多个"首次"在内的 30 多次核试验，有"中国的核司令"的称号。晚年，他仍然生命不息、创新不已。他的两大理论研究成果——"程—玻恩"超导电性双带理论和"TFDC"电子理论（托马斯—费米—狄拉克—程开甲电子理论），就像两颗明珠，闪耀着创新的光辉，载入中国物理学发展史册。他说："创新是科学的生命之源。创新背后是非常艰苦的奋斗，是多种意义上的无私奉献和拼搏。"

程开甲院士的一生，是不平凡的一生。习近平用"忠诚奉献、科技报国"对他作了高度评价。这八个大字，既是他科学人生的生动写照，也代表着党和国家对他的崇高褒奖。

今年，程开甲院士已经 100 岁，但期颐之年的程老，仍然心系科学研究，心系国防科技发展。他的心里，永远装着国家使命！

真诚祝愿程老不老常青！

后　记

　　从 2000 年至今，我研究程开甲院士已经有 18 个年头。18 年来，我一直在被程老的事迹教育着、感动着。程老是一位有大情怀的科学家，他的爱国情怀、科学情怀、人生感怀，自带光芒，可亲可敬，可感可学。

　　程老被颁授"八一勋章"后，2017 年 9 至 10 月，我随人民出版社组织、陈鹏鸣副总编辑带队的程开甲院士先进事迹报告团，沿着程老学术成长的足迹，先后去了程开甲小学、秀州中学、浙江大学、南京大学、中国核试验基地等地，宣讲他"忠诚奉献、科技报国"的事迹。没想到，报告团的活动，竟然引爆了程老的"粉丝团"，感染了小朋友，打动了家乡人，教育了他的事业传人，点燃了大家学习程开甲、学做程开甲的激情。报告会结束后，程老家乡江苏苏州吴江区教育局的领导、浙江嘉兴南湖区教育局的领导，以及程老母校程开甲小学的薛法根校长、秀州中学的金玉荣校长、秀州中学分校的李新浩校长，不约而同地和我们商谈，提出编写一本适合在中小学开展教育的关于程开甲院士的图书。我们都很兴奋，觉得这是一件很有意义和价值的事情，值得去做。因为当年，在程开甲院士幼小的心灵中，播撒科学种子的就是科学家传记。现如今，程开甲院士的科学精神又将赓续传承，去激励和影响下一代人了。

人民出版社图典分社的侯俊智、侯春是经验丰富的出版人，也是工作上的"行动派"。程漱玉、任万德两位家属更是给予了大力支持。后来，于青副总编辑、施毅教授也参加进来，提出很多好的建议。这里，特别要提到程老。听说家乡的领导、母校的师生希望写这本书，他就要求我们："要实事求是，让孩子们读了有所启发。"他还专门写信给国防科技大学领导，讲述多年来我与他合作共同完成的一些工作。言之谆谆，意之殷殷。我深刻地体会到，程老高度认同科学教育要从"娃娃"抓起，希望用自己走过的路，引导和启迪孩子们从小立志，养成爱科学、学科学、用科学的志趣。

很快，我们组成了一个工作团队，多次在北京、吴江、嘉兴召开审稿会，讨论提纲，提炼故事，研究中小学生的阅读习惯，并商定把随文照片改成绘图。苏州的年轻画家周子君在时间紧、任务急的情况下，克服困难，对绘图几易其稿。应该说，这本书是集体的智慧、团队的成果。虽然有的故事，还没能通俗化到所有中小学生都完全理解，但我们要告诉孩子们："程爷爷，就是这样一位与众不同、与其他爷爷不一样的爷爷。"只要他的爱国精神、科学品格，能在孩子们的头脑中留下印记，就一定会像一颗种子，遇土生根，遇水发芽。

考虑到本书的历史价值和教育意义，本书所有故事的情节、场景、人物无任何虚构，全部为信史，可供广大读者学习和研究使用。

本书之所以取名《程开甲的故事》，而不冠以院士、"两弹一星"元勋等头衔和字样，是因为我们觉得，程老的影响力，已经不需要这样的修饰了，他的名字足以代表这一切。书稿完成后，程漱玉研究员一字一句进行了认真的审读，最后修改定稿。书稿的编辑加工过程中，沈玉芬、周菊芳、钱卫华自始至终参与讨论，提出了很好的建议。语文出版社中语编辑室原主任南保顺审读了全稿。江苏苏州吴江和浙江嘉兴的各级领导，对本书出版高度重视并给予积极指导。国防科技大学文理学院的曾华锋院长、徐晓林政委，对我的工作提供了有力支持。在此，一并表示感谢。

　　谨以此书，祝贺程老的百岁生日！

熊杏林

2018 年 8 月 3 日于北京

出　　品：图典分社

策　　划：侯俊智　侯　春

责任编辑：侯俊智　侯　春

插　　图：周子君

版式设计：王　婷

封面设计：徐　晖

责任校对：吴容华

责任印制：孙亚澎

图书在版编目（CIP）数据

程开甲的故事 / 熊杏林　著 . —北京：人民出版社，2018.8（2023.3 重印）

ISBN 978 - 7 - 01 - 019522 - 3

I. ①程…　II. ①熊…　III. ①程开甲 - 生平事迹　IV. ① K826.16

中国版本图书馆 CIP 数据核字（2018）第 151957 号

程开甲的故事

CHENGKAIJIA DE GUSHI

熊杏林　著

人民出版社 出版发行

（100706　北京市东城区隆福寺街 99 号）

北京盛通印刷股份有限公司印刷　新华书店经销

2018 年 8 月第 1 版　2023 年 3 月北京第 3 次印刷

开本：710 毫米 × 1000 毫米 1/16　印张：11

字数：110 千字

ISBN 978 - 7 - 01 - 019522 - 3　定价：40.00 元

邮购地址 100706　北京市东城区隆福寺街 99 号

人民东方图书销售中心　电话（010）65250042　65289539

版权所有·侵权必究

凡购买本社图书，如有印制质量问题，我社负责调换。

服务电话：（010）65250042